千秋诗圣杜甫

万里悲秋常作客

于丽华·著

北方文艺出版社

·哈尔滨·

图书在版编目（CIP）数据

千秋诗圣杜甫：万里悲秋常作客 / 于丽华著 . --
哈尔滨：北方文艺出版社，2023.10
ISBN 978-7-5317-6028-3

Ⅰ . ①千… Ⅱ . ①于… Ⅲ . ①杜甫（712-770）—人
物研究 Ⅳ . ① K825.6

中国国家版本馆 CIP 数据核字（2023）第 179163 号

千秋诗圣杜甫：万里悲秋常作客
QIANQIU SHISHENG DUFU WANLI BEIQIU CHANGZUOKE

作　　者 / 于丽华			
责任编辑 / 富翔强　宋雪微		封面设计 / 尚书堂	

出版发行 / 北方文艺出版社	邮　　编 150008	
发行电话 /（0451）86825533	经　　销 / 新华书店	
地　　址 / 哈尔滨市南岗区宣庆小区 1 号楼	网　　址 / www.bfwy.com	

印　　刷 / 北京亚吉飞数码科技有限公司	开　　本 / 710mm×1000mm 1/16
字　　数 / 155 千	印　　张 / 14
版　　次 / 2023 年 10 月第 1 版	印　　次 / 2023 年 10 月第 1 次印刷

书　　号 / ISBN 978-7-5317-6028-3	定　　价 / 56.00 元

前言

　　杜甫用诗记录了唐朝由盛转衰的历史，也用诗记录了自己的一生，他的诗是"诗史"，而他的一生更像一部跌宕起伏的长篇史诗。

　　在成为"诗圣"前，杜甫也只是一个以梦为马的少年，带着满腔热血与一片赤诚，意气风发地奔赴远方，轻裘肥马，漫游天下。他走过江南的小巷，赏过齐鲁的月色，亦见过长安城的繁华。那时候的杜甫，即使科举落第，仍保持着"会当凌绝顶，一览众山小"的气魄，始终流露出"何当击凡鸟，毛血洒平芜"的骄傲与自信。

　　长安十载，消磨了杜甫的雄心壮志。原本"性豪业嗜酒，嫉恶怀刚肠"的他不得不为了仕途理想四处奔走，饱尝辛酸。虽也有"每愁悔吞作，如觉天地窄"的时刻，但杜甫却始终固执地坚守着"致君尧舜上，再使风俗淳"的志向，上下求索，艰难突围。

安史之乱打断了华美飘逸的霓裳羽衣曲，山河破碎，烽火连天，杜甫被迫开始了流亡之旅。他见过经历战火满目疮痍的村庄，听过老妪的悲戚苦啼，在哀鸿遍野的土地上叩问苍天，"眼枯即见骨，天地终无情"。

看遍人世艰辛的杜甫将难以排遣的悲苦寄予诗文，用一支秃笔写尽了人间苦难，于是便有了万古流芳的"三吏""三别"。杜甫用诗记录历史，也用诗将中国古典诗歌推向了新的高峰，"杜诗"以冠绝古今的力量开创出了沉郁顿挫的独特风格。诗中之圣，杜甫当之无愧。

杜甫一生颠沛流离，他见证了盛唐的陨落，终生以忠君爱国为己任，甚至在生命的最后一刻，依旧记挂着天下苍生，这股家国情怀耀映古今。

千年前，杜甫自叹"百年歌自苦，未见有知音"。千年后，杜诗的拥趸与追随者越来越多，多少人曾在精神世界里与杜甫相逢。

杜甫的惊世才华与忧国忧民的情怀跨越时空，历久弥新，带给今人持久的影响与永恒的震撼，他"诗坛巨人""千秋诗圣"的形象深入人心。

作　者

2023 年 5 月

目录

第一章

人生初见：冉冉升起的诗坛巨星

杜甫，文学史上伟大的诗人，被后世尊称为"诗圣"。杜甫的一生跌宕起伏，尤其是在人生的下半场，几度流亡，贫病交加，备尝人间辛酸。然而，在人生之初，他也曾天真无忧、活泼跳脱，也曾意气风发、挥斥方遒。家乡巩县是杜甫梦想起航的地方，而洛阳翰墨场上的所见所闻则令他眼界大开、志气大增，对未来充满无限向往。

出身名门，生逢盛世

唐朝盛产传奇诗人，"千秋诗圣"杜甫便是其中无比耀眼的存在。"李杜文章在，光焰万丈长。"如果说李白是皎洁、浪漫的明月，高高悬于历史长空，光耀大唐，那么杜甫便是苍茫壮阔的长河，静静流淌在历史深处，润泽千古，令后人崇敬至今。

杜甫出生于唐玄宗先天元年（712年），这一年，唐玄宗于长安太极宫登基称帝。唐玄宗在任前期的大唐繁荣开放，辉煌灿烂，一派欣欣向荣的景象。北宋史学家范祖禹在《唐鉴》中如此盛赞唐玄宗的功绩："开元之治，几与正观（贞观）。"杜甫生于、长于这盛世，曾见过数不尽的富饶盛景。后来，他回忆起大唐盛世荣光，曾如此感叹道："忆昔开元全盛日，小邑犹藏万家室。稻米流脂粟米白，公私仓廪俱丰实。"（《忆昔·忆昔开元全盛日》）

在家乡巩县（今河南巩义市），杜甫度过了一段优游安逸的年少

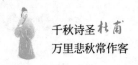
时光。他的父亲名为杜闲，是京兆杜氏的后人。母亲则出于清河崔氏。京兆杜氏和清河崔氏都是中国历史上鼎鼎有名的士族。尤其是京兆杜氏，"远自周室，迄于圣代（唐代），传之以仁义礼智信，列之以公侯伯子男"（《唐故万年县君京兆杜氏墓志》）。

京兆杜氏曾涌现出许多声名显赫的人物，比如魏晋时期的军事家杜预就是杜甫的十三世祖。杜预是京兆杜陵人（今陕西西安），他学富五车，才识高远，在多个领域都有所建树。杜甫很为先辈自豪，曾作一篇《祭远祖当阳君文》来悼念杜预，还常常以"杜陵野客"自称。

杜甫的祖父、初唐著名的诗人杜审言也是杜甫最为敬佩、对杜甫影响最深的人之一。杜审言名列初唐"文章四友"，性情耿直，才华横溢，在当时的诗坛上颇有影响力。

杜甫曾自豪地说"吾祖诗冠古""诗是吾家事"，对其祖辈的倾慕与自豪之情不言而喻。而在《进雕赋表》中，他如此写道："自先君恕，预以降，奉儒守官，未坠素业矣。"因祖上世代为官，能人辈出，杜甫在为先辈感到骄傲的同时也倍感压力。

从很小的时候起，杜甫便立下宏大的志愿，希望有朝一日能传承、发扬儒学要义，做一个像十三世祖杜预那样配享孔子庙堂、在政治和儒学研究上都创下斐然功绩的士大夫，同时他也希望能掌握诗家三昧，成为像祖父杜审言那样傲视同辈、名重天下、对后世诗坛影响深远的杰出诗人。这双重理想横贯杜甫一生，令他殚精竭虑、艰辛求索。

可以说，祖辈的功绩与荣光是杜甫精神力量的源泉，令他生出了更多的责任感，一路激励、鞭策着他向前奋进……

杜甫像

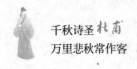
诗词欣赏

忆昔·忆昔开元全盛日

杜甫

忆昔开元全盛日，小邑犹藏万家室。

稻米流脂粟米白，公私仓廪俱丰实。

九州道路无豺虎，远行不劳吉日出。

齐纨鲁缟车班班，男耕女桑不相失。

宫中圣人奏云门，天下朋友皆胶漆。

百馀年间未灾变，叔孙礼乐萧何律。

岂闻一绢直万钱，有田种谷今流血。

洛阳宫殿烧焚尽，宗庙新除狐兔穴。

伤心不忍问耆旧，复恐初从乱离说。

小臣鲁钝无所能，朝廷记识蒙禄秩。

周宣中兴望我皇，洒泪江汉身衰疾。

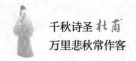

《忆昔》二首作于唐代宗广德二年（764 年），都属于怀旧诗。其中《忆昔·忆昔开元全盛日》借回忆往昔来激励今人，将杜甫忧国忧民的爱国情怀展现得淋漓尽致。

"忆昔"十二句描述了大唐开元盛世时的富足与太平。每当想起当年繁荣热闹的景象，杜甫便不自觉地沉醉其中。那时候国家昌盛、政治清明、商贸发达，百姓安居乐业、其乐融融，而这幅盛世景象足足持续了百余年。

"岂闻一绢直万钱，有田种谷今流血。洛阳宫殿烧焚尽，宗庙新除狐兔穴。"回忆再美好，但残酷的现实就摆在眼前，令杜甫不得不正视。安史之乱后，昔日的富饶盛世之景成为泡影，焚毁的宫殿、荒芜的田园、流离失所的人民……这种种乱象令杜甫痛心不已。

最后，杜甫发出这样的喟叹：如果当朝君臣能励精图治，说不定就能像周宣王一样改变现状、恢复盛世景象。他在诗中抒发着自己的期盼，情真意切、感人至深。

歌咏凤凰的天才儿童

因母亲早逝，父亲公务繁忙，幼年时杜甫曾被寄养在距离巩县不远的洛阳姑母家。可以说，杜甫童年大部分时间在巩县和洛阳度过。而杜甫的一代诗圣之路，也由此开启。

很多年后，提起自己的童年时光时，杜甫语带自豪，满怀追忆："七龄思即壮，开口咏凤凰。九龄书大字，有作成一囊。"（《壮游》）

历史上的天才，大都拥有惊艳卓绝的开端，杜甫也不例外。七岁时，他便能出口成章、下笔成文，令大人们惊叹不已。年幼的他曾作下一首赞咏凤凰的诗歌，情思豪壮、语意铿锵，丝毫不逊色于那首著名的《咏鹅》（初唐诗人骆宾王七岁时所作）。杜甫在诗坛上的初试啼声，便显露出异于常人的天赋，可谓是天才中的天才。

虽然这首诗并未流传下来，但杜甫此后却与"凤凰"结下了不解之缘。在此后的诗歌创作中，他曾不厌其烦地提到"凤凰"这一独特

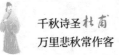

的诗歌意象,如"玉京群帝集北斗,或骑麒麟翳凤凰"(《寄韩谏议注》);"干戈兵革斗未止,凤凰麒麟安在哉"(《又观打鱼》);"凤凰从东来,何意复高飞"(《述古三首》);等等。

他歌颂那些有着凤凰般高洁品性的人,也以凤凰自喻,盼着能化身为大唐的一只祥凤,顺利实施保家卫国的雄心壮志。

杜甫歌咏凤凰的才华一方面来自其卓越的天赋,另一方面也来自家学渊源,此外更离不开他自身的勤奋好学。自开蒙后,他沉浸在书香中日日苦读,从不知倦。他回忆说,自己九岁时便惯于书写大字,常常临摹名家字帖,作品也已积累成囊。可见幼年时的杜甫不仅聪慧过人,勤奋与努力的程度也是同龄人无法匹敌的。正因年幼时"读书破万卷",才能在日后"下笔如有神"。

那个歌咏凤凰的天才儿童在家人的呵护下和浓郁的书香中静静成长,慢慢走向属于他的人生道路。

杜甫故里杜公祠

惊鸿一瞥，剑气长存

冬去春来，岁月匆匆而逝。杜甫已经长成一个健壮的少年。他生在奉儒守官之家，自小接受儒学教育，学富五车。而且，少年杜甫剑眉星目，风姿飒爽，初生牛犊的他胸腔内一直激荡着一股睥睨天下、俯瞰众生的豪情壮志。

幼年时的一次奇遇令他记忆终生，或许，正是那次经历激发了他骨子里的"剑气"与"侠气"，令他始终"嫉恶怀刚肠"。

那场奇遇发生在开元五年（717 年），郾城。一个普通的冬日，年幼的杜甫跟随在家人身后，来到人流如潮、热闹非凡的广场，他好奇地四处张望，眼前的一切对年幼的他而言都是那么新颖有趣。突然，一抹剑光吸引了他全部的注意力。只见一女子手持剑器，正忘我地舞蹈。小杜甫看得入迷，心内惊叹不已。

那女子面容姣好，衣饰华丽，舞姿矫健敏捷，实在是美得惊人。

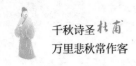

她起舞时剑光璀璨、气势如虹，收舞时轻盈若云、摇曳生姿，原先那绚烂夺目、不可直视的剑光也渐次收拢，变成点点细碎的清光。

只这惊鸿一瞥，令杜甫终生难忘。

在中国古代，剑有着"百兵之君"的雅称，是一种高贵的兵器。古代剑客们用剑来抒发情怀、传达志气，而剑文化又与侠士文化相互影响、交融，对文人士大夫产生了深远的影响。剑慢慢成为君子的标配，成为某种高洁的精神追求以及凛然的风骨、过人的胆识和浩然正气的象征。

在唐代，剑文化十分盛行，剑舞这种气势磅礴、恢宏大气的舞蹈恰恰符合了文人墨客的审美，因此成为文人们最喜欢的舞蹈活动之一。杜甫幼年时所看的那场惊艳绝伦的剑舞表演，对他影响至深。

多年以后，在夔州，杜甫又看到了一场酣畅淋漓的剑舞。舞者是临颍女子李十二娘，她身姿飒爽，手上利剑翻飞翱翔若游龙，掀起一阵阵璀璨的剑光，令人眼花缭乱、惊艳不已。杜甫不禁好奇地问李十二娘师从何人，李十二娘坦言，她是公孙大娘的学生。

听到公孙大娘的名字，杜甫心中颇多感慨，不禁又回想起幼年时的那次奇遇。当年，在广场上舞剑的女子正是被誉为"大唐第一舞人"的公孙大娘。

所谓惊鸿一瞥，剑气长存。年幼时的杜甫透过公孙大娘的剑舞，仿佛看到了一个不一样的世界。一方面，公孙大娘可以说是杜甫的艺术启蒙者，她奇绝的舞姿令杜甫感悟到了何为美、何为舞蹈的魅力，乃至间接"唤醒"了杜甫的诗情，成为杜甫创作的源泉。

另一方面，公孙大娘的剑舞表演也在年幼的杜甫心里种下了一颗侠义的种子，那抹浪漫、恢宏而又凛冽的剑气始终萦绕在杜甫的灵魂深处，对杜甫影响至深，使得杜甫渐渐成长成一位为国为民的"侠之大者"、诗坛巨人。

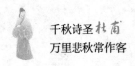
诗词欣赏

观公孙大娘弟子舞剑器行（并序）

杜甫

大历二年十月十九日，夔府别驾元持宅，见临颍李十二娘舞剑器，壮其蔚跂，问其所师，曰："余公孙大娘弟子也。"开元五载，余尚童稚，记于郾城观公孙氏，舞剑器浑脱，浏漓顿挫，独出冠时，自高头宜春梨园二伎坊内人泊外供奉，晓是舞者，圣文神武皇帝初，公孙一人而已。玉貌锦衣，况余白首，今兹弟子，亦非盛颜。既辨其由来，知波澜莫二，抚事慷慨，聊为《剑器行》。昔者吴人张旭，善草书帖，数常于邺县见公孙大娘舞西河剑器，自此草书长进，豪荡感激，即公孙可知矣。

昔有佳人公孙氏，一舞剑器动四方。

观者如山色沮丧，天地为之久低昂。

㸌如羿射九日落，矫如群帝骖龙翔。

来如雷霆收震怒，罢如江海凝清光。

绛唇珠袖两寂寞，晚有弟子传芬芳。

临颍美人在白帝，妙舞此曲神扬扬。

与余问答既有以，感时抚事增惋伤。

先帝侍女八千人，公孙剑器初第一。

五十年间似反掌，风尘澒洞昏王室。

梨园弟子散如烟，女乐馀姿映寒日。

金粟堆南木已拱，瞿唐石城草萧瑟。

玳筵急管曲复终，乐极哀来月东出。

老夫不知其所往，足茧荒山转愁疾。

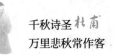

赏　析

　　《观公孙大娘弟子舞剑器行》是一首七言古诗，作于唐代宗大历二年（767年）。全诗描写生动传神，情感真挚动人，是一首不可多得的诗歌杰作。

　　"昔有佳人公孙氏，一舞剑器动四方。"昔日的大唐舞者公孙大娘名动四方，每每跳起剑舞都能倾倒众生。她舞起剑来"㸌如羿射九日落，矫如群帝骖龙翔"，一旦收舞，剑上仍旧凝结着清光。杜甫对公孙大娘的舞姿描述得如此细致、生动，可见当年那场奇遇始终被他铭记心中。

　　"绛唇珠袖两寂寞，晚有弟子传芬芳。"这两句笔锋一转，描述起现今的情况——如今佳人已逝，有弟子传承她的舞蹈技艺。后四句介绍了杜甫与公孙大娘弟子李十二娘的攀谈。

"先帝"六句将视线转至往日时光，杜甫回忆当年唐玄宗宫廷内外歌姬、舞女如云，唯有公孙大娘的剑器舞最受欢迎，但这五十年间盛世衰落，梨园子弟被迫流散民间。对此，杜甫深感惋惜，在他看来，像李十二娘这样杰出的舞蹈艺人没有合适的舞台去一展才华、大放光芒，实在是令人痛心。

　　最后，杜甫叹息道，唐玄宗已去世多年，而他作为玄宗时代微不足道的小臣，不得不拖着病体荒野独行，只是前路迷茫，越走就越感凄凉、悲伤。整首诗在沉郁悲壮的语调中收尾，读来令人感触至深。

小小少年，志在四方

　　杜甫十四五岁的时候心存正气，志向远大，已经凭着一些诗文作品在洛阳崭露头角。

　　洛阳在唐朝时被称为神都、东京，其政治地位、繁荣程度与长安相差无几。作为千年文化圣城，洛阳自古便是文人墨客向往、聚集之地。洛阳文坛更是能人辈出，光耀千古。到了唐朝时期，洛阳本地文士之间的交流、交往越发紧密，各种文学活动层出不穷。

　　在文风炽热的洛阳，少年杜甫见识到不少奇人雅士，因此眼界大开，见识大增。而洛阳名士们大多也对这个谈吐文雅、才思敏捷的少年记忆深刻，其中很多人在读过杜甫的作品后，不禁大为惊叹、称赞不已。比如，当时的文士崔尚、魏启心就曾盛赞少年杜甫才华横溢，比起历史上的班固、杨雄也是毫不逊色。

　　后来，在当地名士的引荐下，杜甫得以和岐王李范（唐睿宗李旦

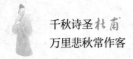

第四子）以及崔涤（唐玄宗宠臣）相识，并时常作为宾客出入二人府邸。岐王李范和崔涤身份尊贵，又都爱好文艺，喜欢与文人儒士结交，因此身边时常聚集着一堆文士名流或音律才子。

在进出岐王府和崔涤府邸期间，杜甫得以欣赏到开元年间炙手可热的音乐家李龟年的歌声。李龟年是当时最受皇亲贵胄追捧和喜爱的梨园音乐人之一，还曾获唐玄宗亲自伴奏、伴唱，风头一时无两。李龟年的歌声同公孙大娘的舞蹈一样，给杜甫留下了深刻的印象。

彼时的杜甫，少年志远，朝气蓬勃，而李龟年正处盛年，风光无限，荣耀加身。他们谁也不会想到，几十年后两人竟会在异乡相遇，并亲眼所见彼此的凄凉、窘迫与无奈。他们的荣光随着盛唐的衰落一去不复返，谈起过往只剩下唏嘘、惆怅和感伤。因为那次相遇，杜甫写下七言绝句《江南逢李龟年》，这首诗内涵深邃，流传千古。

在洛阳的所见所闻令少年杜甫的视野和心胸前所未有的开阔，正所谓好男儿志在四方，这一时期的他一直跃跃欲试，"谋划"着一场出行。他渴望着离开家乡去四处游历，饱览山川美景，见证四时风华，更渴望去长安城见识更多的繁华，早日实现建功立业的梦想。

诗词欣赏

江南逢李龟年

杜甫

岐王宅里寻常见，崔九堂前几度闻。

正是江南好风景，落花时节又逢君。

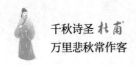
赏 析

　　这首《江南逢李龟年》是杜甫代表诗作之一，大概作于唐代宗大历五年（770 年）。

　　"岐王宅里寻常见，崔九堂前几度闻。"多年以前，当杜甫还是个少年时，他经常在岐王李范和大臣崔涤的府邸中见到李龟年，并很多次聆听李龟年美妙的歌声。

　　"正是江南好风景，落花时节又逢君。"安史之乱后，大唐摇摇欲坠，多少长安旧客不得不远离故土，仓皇南渡。大约是唐代宗大历四年，杜甫客居潭州，与流落在此的李龟年相逢。此时的李龟年已经是一个步履蹒跚的老人，他两鬓染霜，愁容满面，哪里还有当年大唐乐圣的风采。杜甫心内伤感至极。

杜甫的情感无疑是复杂的，既有对逝去的开元盛世、大唐盛景的眷念与追忆，也有对于时代巨变、人世沧桑的感慨。整首诗意蕴悠长，堪称千古绝唱。

第二章

十年漫游：当青春遇上诗酒与知己

杜甫的青春里，有"裘马颇清狂"的壮游，有"会当凌绝顶"的豪情，也有"携手日同行"的情谊。年轻的诗人还未经风霜，字里行间都是未收敛的锋芒，在青春的岁月里纵情跋涉，看山川湖泊、日出日落。

青春正当时：踏上浪漫的旅程

　　唐朝疆域辽阔，经济繁荣，文人雅士多好漫游。唐人漫游或为开阔视野、丰富阅历，或四处拜谒、求取功名，抑或逍遥天地间，在自然中感悟人生百态。杜甫年轻时也曾漫游山河间，穿过汹涌的人潮，走过蜿蜒的小路，翻山越岭，与不同的风景相遇。

　　唐玄宗开元十九年（731年），弱冠之龄的杜甫离开家乡洛阳，一路南下，在吴越一带漫游。

　　杜甫南下到江宁（今江苏省南京市），在江宁的瓦官寺看到了东晋书画家顾恺之的维摩诘画像，很是欣赏。多年后，杜甫回忆起此事，以"虎头金粟影，神妙独难忘"盛赞顾恺之的画作。

　　离开江宁后，杜甫顺江而下，到达苏州。"东下姑苏台，已具浮海航。"姑苏的晚风里带着糯米酒的香甜，烟柳画桥间满是南国的缱绻。杜甫在苏州赏过幽静神秘的虎丘剑池，看过巍峨壮丽的阊门，闻

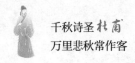

过十里芰荷香……曾在晴朗日光下对酒当歌，也曾在空蒙细雨中贪欢一晌。

乌篷船划过流水潺潺，年轻的诗人随后又漫游到了绍兴。"越女天下白，鉴湖五月凉。剡溪蕴秀异，欲罢不能忘。"八百里鉴湖烟波浩渺，九曲剡溪万壑争流，远山如黛，江水逶迤，目之所见，皆是水乡的悠然风韵。穿梭在长着青苔的小巷里，看摇橹的船划过座座古桥，听着清词小调里的吴侬软语，杜甫或许也曾沉醉在绍兴的酒香里，不愿归去。

青春滚烫，年少的诗人走在路上，赏春来秋往，观山高水长。四年时光悄然流逝，杜甫将最美好的年华留在了江南，让自己的青春氤氲出了烟雨朦胧的浪漫。

"归帆拂天姥，中岁贡旧乡。"因为要参加考试，杜甫离开绍兴后，便踏上了归家的旅程。

诗词欣赏

画鹰

杜甫

素练风霜起，苍鹰画作殊。

㧐身思狡兔，侧目似愁胡。

绦镟光堪擿，轩楹势可呼。

何当击凡鸟，毛血洒平芜。

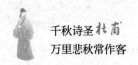
赏　析

　　这是一首题画诗，是杜甫早期的作品之一。

　　开篇首句就点出了"素练风霜起"由画上的"苍鹰"而来，让人们看到画的时候便能感受到那股凛冽、肃杀的氛围，可见鹰之凶猛。

　　画家笔下的鹰耸着身体，偏着头，看着狡兔。由一"狡"字可见兔子的灵活，而苍鹰却不担心，它眼神锐利，蓄势待发。系着鹰的金属环反射着寒光，画中的苍鹰似乎要破画而出。杜甫并没有直接写画家的画技高低，而是对苍鹰的形态进行了详细描写，从侧面突出了画家绘画功底之深。

　　最后，杜甫直言，如果这只鹰去捕鸟，一定会大获全胜。足以见得画家笔下的这只鹰凶猛非凡，这是对鹰的夸赞，也是对画家高超画技的称赞。

第一次科举落第

唐开元二十三年（735年），因为要参加进士考试，杜甫结束了长达四年的漫游，返回洛州巩县备考。

进士考试在唐朝是极为重要的考试，唐朝诗人张籍有诗云："二十八人初上牒，百千万里尽传名。"一朝榜上题名，就能名扬京都，可见进士考试的影响力之大。

杜甫正值青春，鲜衣怒马，肆意张扬，有扶摇而上的勇气和"气劘屈贾垒，目短曹刘墙"的气魄，想做万里风鹏，翱翔天地。因此，面对人生中第一次科举考试，杜甫自恃才高，信心满满。

然而考试的结果却不尽如人意，杜甫落第了。二十四岁的杜甫经历了人生中第一次科举失败，失望而归。"忤下考功第，独辞京尹堂。"（《壮游》）考试不顺利的杜甫，独自离开了洛阳，从这一"独"字可见杜甫的失落。

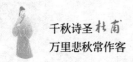
　　青春的阴霾总是短暂的，纵使遭遇挫折，仍有扬帆远航的勇气。骄傲如杜甫，一次失败并不能将他困住。杜甫很快就调整了自己的心态，准备再次踏上远行的旅程。风起风落，心向远方的诗人依旧明媚如骄阳。

诗词欣赏

房兵曹胡马

杜甫

胡马大宛名，锋棱瘦骨成。

竹批双耳峻，风入四蹄轻。

所向无空阔，真堪托死生。

骁腾有如此，万里可横行。

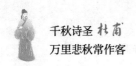

赏　析

这首诗大约作于唐开元二十八年（740年），是杜甫早年诗歌中的佳作。

"大宛"是西域古国，这匹马是西域的名马。形体精瘦，骨头像是刀锋一样，双耳直立，跑起来脚下生风。"锋棱"一词极为巧妙地将马瘦而不弱的状态描绘了出来。

这匹马可以行万里之途，气势如虹。驰骋疆场，能够让主人托付生死。作为一匹战马，能够有此雄姿，可见马之优良。

尾句虽是写马，却寄托了杜甫自己的情感。杜甫借马横行万里的豪迈来表明自己的雄心壮志，希望如胡马一般，发挥自己的优势，建功立业。从这里，足以得见少陵野老年轻时锐不可当的气魄。

快马轻裘，壮游人间

唐朝开元二十四年（736 年），杜甫离开了洛阳，在齐赵一带漫游，他自己说是"放荡齐赵间，裘马颇清狂"。

齐赵之地山河壮阔，杜甫常与友人游猎山中，纵马驰骋。春日在邯郸丛台高歌，体会昔日赵武灵王点将的雄心；冬日在青丘山里打猎，弯弓射箭，穿行在山林之间。此时的杜甫便如同山野间疾驰而过的风，肆意飞扬。

当时，杜甫的父亲杜闲在兖州做司马。因为兖州同在山东，所以杜甫前去探望父亲。

登上兖州城楼，极目远眺，只见浮云飘在山海相接之处，大地开阔，一马平川。秦始皇命人修建的石碑和汉朝鲁恭王命人修建的灵光殿还在，而秦汉早已成了历史，只有遗迹供后人瞻仰，实是物是人非。杜甫不禁感叹："从来多古意，临眺独踌躇。"

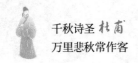
　　登临古迹，怀古伤今之情总是难以避免。杜甫在风华正茂之时，说自己向来容易有怀古之情，可见其素日里会关注人文历史，因而见到古迹才会有此感慨。

　　看过父亲后，杜甫离开了兖州，去了有五岳之首之称的泰山，在这里留下了千古名篇《望岳》。

　　杜甫用了很长的篇幅来形容泰山的壮丽雄奇，登临泰山让自己心胸开阔。然而杜甫并没有停留在对泰山的赞美上，而是进一步升华，抒发自己的壮志，"会当凌绝顶，一览众山小"。

　　昔日，孔子"登泰山而小天下"；今日，杜甫站在泰山脚下，同样有登上顶峰的雄心。这个顶峰，不仅是泰山之巅，也是人生、事业的巅峰。杜甫有此决心，可见其对自己的未来充满信心，相信自己总有一天能凭着一支生花妙笔建功立业，百世流芳。

　　后人皆知，杜甫仕途坎坷，不得重用，但他在诗的国度里真正做到了"一览众山小"，是名副其实的诗中之圣。

　　唐开元二十八年（740年），杜甫的父亲去世了。杜甫遂返回兖州，安排父亲的身后事。第二年，杜甫作《祭远祖当阳君文》，祭祀先祖当阳君杜预。杜甫在文中写道："小子筑室，首阳之下，不敢忘本，不敢违仁。"

　　商朝末年，伯夷、叔齐不愿做周臣，隐居在首阳山，采薇而食，守志而死，自此以后，首阳山便被看作隐居的象征。杜甫引此典故，是说自己已经安定了下来，结束了青春的远游。

诗词欣赏

望岳

杜甫

岱宗夫如何，齐鲁青未了。

造化钟神秀，阴阳割昏晓。

荡胸生层云，决眦入归鸟。

会当凌绝顶，一览众山小。

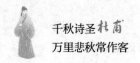

赏　析

　　这首诗写于杜甫漫游齐赵之时，是杜甫早年的经典之作。

　　诗中的"岱宗"指的是泰山，春秋战国时期，齐国和鲁国以泰山为界，齐国在泰山之北，鲁国在泰山之南。在这里，杜甫用"齐鲁"点明泰山的地理位置，"青未了"则指泰山郁郁葱葱，满目苍翠。

　　"造化"指自然，大自然的秀美之景都聚集在了泰山之上，而泰山巍峨壮丽、高耸入云，以至山的阴阳两面呈现出了不同的景观。杜甫用一"割"字凸显泰山之高，好像把阳光割开，让山南山北有了不同的风光。

　　站在山上远望，感觉心胸开阔。睁大眼睛看，能够看到归巢的鸟。因此，杜甫产生了登顶的想法，因为山顶的视野一定更加开阔，站在山顶上，看其他的山都觉得小。

尾联直抒胸臆，杜甫表明他渴望登上顶峰，"一览众山小"。这是杜甫的豪情壮志，也是其人生的崇高理想。

迎娶杨府千金

据元稹《唐故工部员外郎杜君墓系铭并序》所载，杜甫的夫人是司农少卿杨怡的女儿。杜甫在而立之年迎娶了杨氏，夫妻二人相伴一生，琴瑟和鸣。

历史上对杨氏的记载并不多，后人无法从史料中推断出杨氏的容貌、性格，对其行事作风也不甚了解。但从杜甫的诗中，人们得以窥见这位杜夫人的品格。杜甫称其为"老妻"，"老妻寄异县，十口隔风雪""入门依旧四壁空，老妻睹我颜色同""老妻画纸为棋局，稚子敲针作钓钩"。

杜甫仕途坎坷，常年在外漂泊，与家人两地分居也是常有的事。然而漫长的分离吹不散无尽的相思，百转千回的文字也抵不过一句"老妻"。"老妻"的背后，是从天真烂漫到两鬓斑白的深情，是甘苦与共的伉俪，是寒来暑往、斗转星移间累积的回忆，是一抬眼就能明

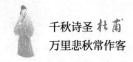

白的默契。

　　杜甫清贫，杨氏便陪着他吃苦；杜甫需要远行，杨氏便为他守着家。他们一起经历战乱，经历了丧子之痛，经历了半生的流离，这一切都不曾将二人分开。虽然史书中记载寥寥，但杜甫的诗里都是二人恩爱的痕迹。

　　安史之乱后，杜甫听说唐肃宗在灵武即位，前去投奔，妻子留在鄜州羌村。杜甫心系妻子，望月怀人，因作《月夜》：

今夜鄜州月，闺中只独看。

遥怜小儿女，未解忆长安。

香雾云鬟湿，清辉玉臂寒。

何时倚虚幌，双照泪痕干。

　　杜甫站在妻子的角度，写妻子思念自己。而年幼的孩子却不明白妻子的思念，妻子只能望着月亮，遥寄思念之情。在外面站得久了，头发手臂都被夜晚的雾气打湿，而妻子仍不愿回去，想着什么时候和丈夫月下团圆，共诉相思之苦。

　　杜甫在诗中写妻子的思念，却又句句在说自己的思念。寥寥几笔，写不尽风月情浓，而杨氏对杜甫而言，便是万丈红尘里的那一瓢弱水。只恨别离苦，唯有长相思。

那场惊艳盛唐的相遇

唐天宝三年（744 年），杜甫和李白，中国诗坛无比闪耀的两颗双子星相遇了。

这一年，李白被赐金还山，不复往日的风光无限，失望离开长安，时年四十四岁。这一年，杜甫依旧不得重用，前途未卜，漫游山野之间，时年三十三岁。在这一年的洛阳，杜甫见到了李白。

杜甫与李白萍水相逢，却一见如故，遂携手同游，"醉眠秋共被，携手日同行"。当二人游历到梁宋（今河南商丘）一带时，遇到了诗人高适，高适加入了李杜二人的漫游，两人行变成了三人行。

李白、杜甫与高适三人游走在广阔山河之中，吟诗作赋，畅饮开怀，不问仕途，不计来日，只在今朝欢愉。人生如寄，稍纵即逝的快乐反而更让人珍惜。

因为李白，杜甫的人生中有了一段痛饮狂歌的时光。世人都道李

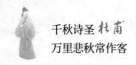

白豪迈、狂放，却不知杜甫有同样的狂傲和潇洒。"性豪业嗜酒，嫉恶怀刚肠"，这是杜甫的自述。杜甫与李白的相遇，是天才与天才的惺惺相惜。

岁月无痕，别离总是不期而至。三人短暂同游，又各自离去。然而就在天宝四年（745年）秋，李白与杜甫再次重逢，他们一起度过了一个放荡自在的秋天。两人不去思量别离的愁苦，只愿烧灯续昼，沉醉于自然美景之中。秋天结束时，杜甫与李白在山东分别，这次分别之后，二人再不复相见。

"飞蓬各自远，且尽手中杯"，这是李白的告别。没有古道长亭，也不必十里相送，饮一杯酒，便各自奔赴远方。洒脱如李白，一提笔就是长风万里，纵是离别也透着放浪形骸的豁达。

李白独特的气质吸引着杜甫的关注，在杜甫的心中，李白是"笔落惊风雨，诗成泣鬼神"的谪仙人，是与自己志趣相投的至交好友。在二人分离后，杜甫写了很多诗来记录这段旅程、怀念李白，如《赠李白》《冬日有怀李白》《春日忆李白》等，杜甫将自己对李白的欣赏与思念通通化作诗文，在无法相见的日子里聊以慰藉。

多年后，当杜甫得知李白被流放夜郎后，不由得忧心忡忡。当时李白已经五十八岁了，而夜郎又处蛮夷之地，如此奔波，生死难料。杜甫日日担心，魂牵梦萦，终于在梦中得见故人。欣喜未至，又担心梦中之人为故人生魂，惶恐难安，醒来后看着"落月满屋梁"依旧恍惚不定。

"故人入我梦，明我长相忆。"李白如同飞鸟，掠过了杜甫的天空。杜甫用尽一生来描摹那段相遇，初见时的激动心情变成了日后反复思念的伏笔。而李白的名字，也成了杜甫诗篇里最醒目的标题。

"昔年因读李杜诗，长恨二人不相从。"李白是月下的诗仙，落笔生花，风流潇洒；杜甫是人间的诗圣，心系苍生，字字泣血。李白与杜甫，一个飘逸，一个深沉，如同两颗明珠，闪耀在诗歌的星空。

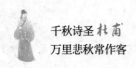
诗词欣赏

赠李白

杜甫

二年客东都，所历厌机巧。

野人对膻腥，蔬食常不饱。

岂无青精饭，使我颜色好。

苦乏大药资，山林迹如扫。

李侯金闺彦，脱身事幽讨。

亦有梁宋游，方期拾瑶草。

赏　析

　　这首诗写于唐天宝三年（744年），记述了杜甫与李白一起漫游的生活和一些感悟。

　　诗中的"东都"指的是洛阳，"机巧"指人心的狡诈，"野人"指杜甫自己。这里是说杜甫旅居洛阳，厌倦了人与人之间的算计。《孟子·万章下》有言"虽蔬食菜羹，未尝不饱"，肉食大多腥膻，粗茶淡饭也能吃饱。从这里可以看出，杜甫向往简单朴素的生活。

　　诗中的"李侯"指的是李白，杜甫与李白在山间求仙问道，没有凡尘俗世叨扰，生活悠闲。

　　读这首诗，读者往往有这样的感受：杜甫与李白的交往是纯粹的、真挚的，没有功名利禄的掺杂。事实上，也正是这样纯粹的交往让李杜二人在短时间内成为至交好友。

第三章

困守长安：叹不尽的失意与悲辛

科举二次失利，唐都风云变幻。长安是杜甫追梦的地方，也偏偏是这座城，让杜甫在认清现实中逐渐清醒。

　　困守长安的十年，消耗了杜甫人生中最宝贵的黄金岁月，也让他的人生观与文风与以往相比有了很大的改变，壮年有志，奈何仕途艰难，人生数载匆匆而过，世事难料终未如愿。

开启长安寻梦之旅

云游生活虽自在，但杜甫的梦想仍在朝堂，入仕的心愿还未实现又如何能心安？唐天宝六年（747 年），杜甫来到繁华的长安城，踏上长安寻梦之旅。

初到长安，短暂的欢娱

唐天宝六年，杜甫正值壮年，少年的意气风发还没有褪去，他渴望能像祖辈那样能步入仕途，有一番作为。

来长安之前，杜甫已经写下了一些令人称赞的诗句，再加上官宦世家的出身，可以说初到长安的杜甫是不存在温饱问题的，可以很好

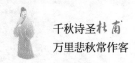

地融入这座繁华的都城，他常会找文人朋友们畅谈理想、互诉衷肠，对于自己的未来充满了信心。

　　杜甫在长安并无固定居所，主要住在客栈中，闲暇时间无事可做，会和朋友一起玩博塞①取乐，留下"咸阳客舍一事无，相与博塞为欢娱"（《今夕行》）的诗句，这样的生活也算自在。

生活穷困，中年流浪

　　无忧无虑的日子总是短暂的，父亲的去世让杜甫失去了经济来源，身上所带钱财终究有限，在高消费的长安城中很快就用完了，杜甫被穷困裹挟，生活拮据。

　　一场长安寻梦之旅很快变成了长安流浪之旅。

　　好在杜甫是务实的，作为一个毫无收入的中年人，杜甫虽有文人傲骨，但迫于生计，也不得不去一些贵族家中充当"宾客"，过着取悦贵族以获得小恩小惠的日子。杜甫也常常去亲戚、朋友家走访，以讨得一餐果腹。与之前衣食无忧、意气风发的少年才子相比，中年的杜甫竟落魄到如此境地。

　　杜甫并没有因为生活的困苦而离开长安回老家，他在长安等待入仕的机会。

---

① 一种博彩游戏。

诗词欣赏

饮中八仙歌

杜甫

知章骑马似乘船，眼花落井水底眠。

汝阳三斗始朝天，道逢麹车口流涎，恨不移封向酒泉。

左相日兴费万钱，饮如长鲸吸百川，衔杯乐圣称避贤。

宗之潇洒美少年，举觞白眼望青天，皎如玉树临风前。

苏晋长斋绣佛前，醉中往往爱逃禅。

李白一斗诗百篇，长安市上酒家眠，天子呼来不上船，自称臣是酒中仙。

张旭三杯草圣传，脱帽露顶王公前，挥毫落纸如云烟。

焦遂五斗方卓然，高谈雄辩惊四筵。

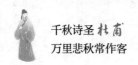

赏　析

　　这首诗是杜甫初到长安时写下的，是一首通俗易懂、画面感十足的"肖像诗"。杜甫挥毫泼墨，记录下八位喜欢饮酒的唐朝文人酒醉之后的状态和趣事，使得"酒中八仙人"的形象跃然纸上。

　　诗中出现的人物依次为贺知章、李琎、李适之、崔宗之、苏晋、李白、张旭、焦遂。他们都性情豁达，常常以酒助兴，十分洒脱。

　　贺知章喝醉酒后骑马像是坐船，东倒西歪看不清路，结果掉进井中，在枯井中睡了一觉。

　　汝阳王李琎饮酒三斗后去见天子，路上碰到送酒曲的车直流口水，恨不能把自己的封地挪到盛产美酒的酒泉。

左相李适之不惜散尽钱财买酒喝，喝酒如同鲸吸水，希望能早日让贤，可以举杯畅饮不问政务。

崔宗之是一位美少年，酒后仰望苍天，翩翩少年，玉树临风。

苏晋平日吃斋敬佛，但饮起酒来就把佛门戒律抛之脑后了。

李白饮酒一斗可赋诗百篇，常常在酒馆醉宿。天子在船上游玩让李白去作诗助兴，李白因醉酒不上船，自称是酒中仙。

张旭饮酒后会挥毫泼墨，下笔如有神，人称草圣。

焦遂饮酒后常常精神矍铄、高谈阔论，语惊四座。

这首《饮中八仙歌》格调轻快，诗中的八个人物性情相似、性格分明，彼此衬托，凸显大唐文人潇洒豁达的鲜明形象，也是杜甫本人豪气干云的写照。

第二次科举落第

唐天宝六年（747 年），唐玄宗诏天下"通一艺者"应试，杜甫闻讯甚是欣喜，满怀信心地应试，入仕的梦想似乎触手可及，却不料等待他的是一场"野无遗贤"的闹剧。

规模盛大的一次科考

747 年，唐玄宗李隆基为了延续开元盛世的政治盛景，为大唐招贤纳士、网罗人才，下令组织了一场规模盛大的科举考试。

此次科举考试的本意是诚邀天下"通一艺者"参加，也就是说，"六艺"（礼、乐、射、御、书、数）之中，只要精通其中"一艺"，

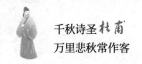
有一技之长即可参加考试，这样的考试条件无疑是朝廷科举的一次扩招，这是让天下有志者欢喜的好事。

杜甫满腹才华，自然也在此次科举应试之列。与第一次参加科举考试不同，此时的杜甫不再年轻，他进入仕途的心情更加急切，因此他非常重视这次科举考试，并希望通过这次考试能一举中第、步入朝堂。可是事情远没有杜甫想得那么简单。

"野无遗贤"，再次落榜

唐玄宗将这次重要的科举考试交由当朝宰相李林甫负责，却不想所托非贤，也让包括杜甫在内的天下才子贤士空欢喜一场。

李林甫妒贤嫉能，他担心有才能之人通过此次科举考试进入朝堂，自己的地位不保，也担心一些正直的贤士入仕之后向天子进言揭露自己的恶行，于是暗中操控了这次科举考试。

一方面，李林甫以进京考试者甚多，难免鱼龙混杂，恐有治安问题为由，提出由地方官筛选、举荐，这样就控制了应试者的数量和身份。另一方面，李林甫假意尽心尽力筹办科考，却暗地命令自己手下的同党官员慎重录取考生。

如此，在这场声势浩大的科举考试中，杜甫再次落榜。不仅仅是杜甫，此次科举考试，所有考生全部落榜，无一人通过。

李林甫对所有考生落榜的解释是，天子圣明，天下才子贤士均已纳入朝廷，"野无遗贤"，乡野已经选不出可用之人了。这一年的唐玄宗年过六十，早已失去了早年间的睿智与明断，竟相信了李林甫的荒唐言论。

杜甫通过科考入仕的梦想再次落空，《新唐书·杜甫传》中记载：杜甫"举进士不中第，困长安"。这一困就是十年。

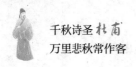

诗词欣赏

送孔巢父谢病归游江东兼呈李白

杜甫

巢父掉头不肯住，东将入海随烟雾。

诗卷长留天地间，钓竿欲拂珊瑚树。

深山大泽龙蛇远，春寒野阴风景暮。

蓬莱织女回云车，指点虚无是归路。

自是君身有仙骨，世人那得知其故。

惜君只欲苦死留，富贵何如草头露？

蔡侯静者意有涂，清夜置酒临前除。

罢琴惆怅月照席："几岁寄我空中书？

南寻禹穴见李白，道甫问讯今何如！"

赏　析

　　这首送别诗相传是杜甫到长安后不久（大约在 747 年），在蔡侯（侯是尊称）为孔巢父举办的饯行宴席上所作。杜甫敬重孔巢父的高风亮节和蔡侯的重情重义，也羡慕和向往孔巢父和李白的自由生活，但自己入仕的梦想还未能实现，因此不能效仿他们，对此心内无限怅惋。据说李白当时恰好在孔巢父要去的目的地江东漫游，因此杜甫在诗中提到了李白，故诗名有"兼呈李白"。

　　开头四句描述了孔巢父离开长安归游江东的决定。

　　五至八句是杜甫对孔巢父辞别之后的云游场景的想象，是对孔巢父辞别云游决定的肯定，也希望对方能得偿所愿。

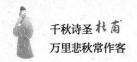

　　九至十二句表现了杜甫对孔巢父的赞扬，称赞孔巢父淡泊名利、对人生见解深刻，有仙风道骨。

　　最后六句提到蔡侯设宴为孔巢父饯行，还提到如果孔巢父见到李白，希望孔巢父能转达自己对李白的问候。

艰难的求仕之路

科考入仕的梦想幻灭之后，杜甫入仕为官的愿望反倒更加强烈、急迫，他四处拜访，希望得到举荐，甚至违心地赞扬权贵。但即便如此，求仕之路依然坎坷艰难。

干谒求仕途

蜗居在简陋的小客栈中的杜甫，面临着解决温饱的问题，在经历了第二次科考落第之后，他已经看清了这个"人情社会"，如果找不到人举荐自己，恐怕此生入仕无望了。

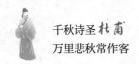

当时的唐朝社会，干谒^①成风，杜甫受生计所迫，也加入了这样的行列。杜甫最初寻找的干谒对象是人品正直、欣赏自己之人。如杜甫曾在《赠特进汝阳王二十韵》一诗中，写自己与汝阳王李琎、驸马郑潜曜一起交游，自称"淮王门有客，终不愧孙登"，希望能不负众望有一番作为。

杜甫也曾向当时任尚书左丞的韦济寻求帮助，作诗称赞对方有名望，担任左丞职位实在是实至名归，"左辖频虚位，今年得旧儒"；将自己比作心存志向、等待机会的老马，希望能得到对方的大力引荐，"老骥思千里，饥鹰待一呼。君能微感激，亦足慰榛芜。"（《赠韦左丞丈济》）可惜的是韦济的心思放在帮助唐玄宗求仙问道、寻求长生不老之事上，并不能完全理解杜甫求仕途的心情。

但这些品性不错的"朋友"们手中并无实权，仅限于对杜甫文学层面的赏识，对杜甫的仕途之路并没有实质性的帮助。

仕途路艰难

随着时间的流逝，杜甫的入仕之心更加强烈，干谒之词越写越多，后来不得不向一些佞臣们写一些违心之词。

比如，鲜于仲通能力一般，政绩平平，却精于攀炎附势，是个十

---

① 这里指文人为了找人举荐而求见有一定社会地位的权贵。

足的草包将军，但杜甫写诗称赞他"异才应间出，爽气必殊伦""凤穴雏皆好，龙门客又新""骅骝开道路，雕鹗离风尘"（《奉赠鲜于京兆二十韵》），只为得到鲜于仲通的提拔。

作为视名节如命的文人，杜甫放下文人尊严，落魄到为声名狼藉的奸臣歌功颂德的地步，可见杜甫求仕途之心之急切，也能窥见杜甫求仕处境的艰难。

杜甫为求仕，干谒奸佞，一方面，是个人仕途艰辛的无奈之举，明末清初著名学者仇兆鳌曾这样评论杜甫："少陵之投诗京兆，邻于饿死……当时不得已而姑为权宜之计"；另一方面，也从侧面反映了盛唐已由盛转衰的局面，政治清明不再，朝野风气堪忧，像杜甫这样的人才求仕不得，也不难理解。

即便如此放下原则一心求仕，杜甫却依然入仕无门，干谒如石沉大海，没有掀起一点浪花。仕途的艰难和苦涩恐怕只有杜甫自己能体会到。

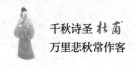
诗词欣赏

赠特进汝阳王二十二韵

杜甫

特进群公表，天人夙德升。

霜蹄千里骏，风翮九霄鹏。

服礼求毫发，惟忠忘寝兴。

圣情常有眷，朝退若无凭。

仙醴来浮蚁，奇毛或赐鹰。

清关尘不杂，中使日相乘。

晚节嬉游简，平居孝义称。

自多亲棣萼，谁敢问山陵。

学业醇儒富，辞华哲匠能。

笔飞鸾耸立，章罢凤骞腾。

精理通谈笑，忘形向友朋。

寸长堪缱绻，一诺岂骄矜。

已忝归曹植，何如对李膺。

招要恩屡至，崇重力难胜。

披雾初欢夕，高秋爽气澄。

樽罍临极浦，凫雁宿张灯。

花月穷游宴，炎天避郁蒸。

砚寒金井水，檐动玉壶冰。

瓢饮惟三径，岩栖在百层。

谬持蠡测海，况挹酒如渑。

鸿宝宁全秘，丹梯庶可凌。

淮王门有客，终不愧孙登。

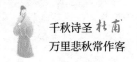
赏　析

　　这是一首干谒诗，是杜甫在天宝五年（746年）写下的，干谒对象为汝阳王李琎。

　　本诗开篇十二句"特进群公表……一诺岂骄矜"开门见山，毫不吝啬地表达了对汝阳王李琎的称赞，赞美之词犹如泉涌，一气呵成。称赞汝阳王李琎备受天子眷顾、世人赞颂，为国事废寝忘食，为人高洁孝义、善待兄弟、不慕虚名、精通文理、文章精彩、文字优美、谈吐自如，对朋友一诺千金，从来都不恃宠而骄。

　　本诗后半段"已忝归曹植……终不愧孙登"，交代了汝阳王李琎设宴邀请自己时的一系列感怀，杜甫在诗中提到自己能在汝阳王李琎门下当宾客十分荣幸，引经据典表达了汝阳王李琎对自己的友好、厚爱、恩赐，同时也表达了自己作为门客一定不会让对方失望的决心。

残杯与冷炙，到处潜悲辛

科考落榜、求仕艰难，杜甫不仅要面对政治理想幻灭的精神痛苦，还要面临居无定所、食不果腹的现实打击。失意与冷落，残杯与冷炙，杜甫处处体会着生活的悲辛。

处处求索，处处冷落

身无分文的杜甫，在不去权贵家中作诗助兴的日子里，是如何度过的呢？"卖药都市，寄食友朋"（《上三大礼赋表》）是杜甫对自己长安困顿生活的总结。

因居住环境不佳，再加上整日忧虑，这使得杜甫多病，久病成医

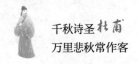

的杜甫会采摘一些草药去卖，以换钱买粮或买酒。《路逢襄阳杨少府入城，戏呈杨员外绾》中"寄语杨员外，山寒少茯苓。归来稍暄暖，当为刜青冥"的诗句记录了杜甫提醒杨员外，天寒地冻时，山上茯苓罕见，待到天气转暖之后，才是采茯苓的好时机。可见，杜甫时常采药，已经亲自去实践过了而且积攒了一定的经验。然而，卖药的收入并不稳定，而且微薄。

除了采药、卖药，杜甫也常常去亲朋家走访叨扰，一方面是联络感情，另一方面也是为了能吃上一顿饱饭。但伸手讨饭的日子并不好过，杜甫也尝尽了遭人嫌弃和冷眼相待的苦楚。

在约创作于天宝八年（749 年）末至天宝十二年（753 年）之间的《示从孙济》一诗中，杜甫就阐述了自己被晚辈嫌弃和误解的故事。

平明跨驴出，未知适谁门。

权门多噂嗒，且复寻诸孙。

诸孙贫无事，宅舍如荒村。

堂前自生竹，堂后自生萱。

萱草秋已死，竹枝霜不蕃。

淘米少汲水，汲多井水浑。

刈葵莫放手，放手伤葵根。

阿翁懒惰久，觉儿行步奔。

所来为宗族，亦不为盘飧。

小人利口实，薄俗难可论。

勿受外嫌猜，同姓古所敦。

在一个普通的清晨，骑着驴在偌大的长安城里闲逛，却不知道要去哪里，权贵的门槛向来不是一介布衣能轻易进入的，于是想着去同族远亲家中去串门。晚辈孙杜济家的家境也并不好，住的宅舍十分荒凉、杂草野竹丛生，杜甫的到来似乎并不受欢迎，杜济虽然没有直接赶杜甫走，但是从招待杜甫用餐的一系列活动中表现出了不满，杜甫一边调侃式地训示：杜济你淘米时不要一遍遍到井里扔桶打水，这样米水会变得浑浊，割菜时也不要放手一通乱砍，这样会伤了菜根呀。一边又表明心意，希望晚辈杜济不要轻信小人的流言蜚语，自己来访不是为了蹭饭吃，而是联络同族情谊的啊。

《示从孙济》是杜甫的生活纪实，从侧面反映了杜甫在长安客居的日子并不好过。

朝廷冷落，同族嫌弃，一腔热忱，处处求索，换来的却是残杯与冷炙，官场、生活两失意，如此困境实在是杜甫不想面对但又不得不面对的。

希望又失望，梦想遥遥无期

杜甫不仅向朝廷权贵投干谒诗，也直接向朝廷献赋。

天宝十年（751 年）正月，唐玄宗连续举行了三大典礼（祀太清宫、祀太庙、祀南郊）。典礼过后不久，杜甫便写了三篇赋（《朝献太清宫赋》《朝享太庙赋》《有事于南郊赋》），对唐玄宗和祭祀典礼

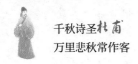
大加赞扬歌颂。

幸运的是，杜甫的三篇赋传到了唐玄宗的手中，唐玄宗读了之后非常高兴，诏杜甫进宫面圣，杜甫一时名声大噪。

据说杜甫入宫后与唐玄宗相谈甚欢，唐玄宗欣赏杜甫的才华，还专门让杜甫进入集贤院①，给他安排了一场考试，考试合格后可得到重任。关于这件事杜甫在日后的一诗中有记载："忆献三赋蓬莱宫，自怪一日声烜赫，集贤学士如堵墙，观我落笔中书堂。"（《莫相疑行》）诗句大意是，杜甫回忆了自己当年献三大礼赋后，得皇帝赏识，一日成名，集贤院学士如人墙般围观自己，争相观看自己的文章。

可惜的是，命运弄人，负责杜甫考试的人就是当年一手策划"野无遗贤"的李林甫，李林甫并不看重杜甫，让杜甫考试也只是走个形式，最终以暂时没有合适的职位为由头，只将杜甫列为朝廷的储备官员，并没有给杜甫任何任命，而杜甫此时所能做的，只能是继续等待。

目光转向黎民，看清现实

仕途不顺、穷困潦倒的杜甫，见过皇宫的金碧辉煌，见过权贵们的奢靡生活，也切身体会着身居陋室、被疾病缠身的穷苦岁月，这些

---

① 唐代的图书典藏机构，负责修撰典籍、侍读。

生活体验让杜甫更有机会深入民间，去看清社会现实，看到挣扎于悲惨生活中、生死边缘间的黎民百姓的生活。

杜甫困守长安期间，唐朝由盛转衰的迹象已经非常明显，唐玄宗一心追求长生和沉醉在后宫娱乐中不问政事。朝廷内部奸佞当道，他们为了搜刮民脂民膏，同时向朝廷讨赏，不断发动战争。唐玄宗天宝年间的战争多发，而且战争中胜少败多，但宰相杨国忠却隐瞒事实不报，邀功请赏，不断征兵，借由战争不断搜刮民脂民膏，重赋、兵役压得普通百姓难以为继。

杜甫自己对苦难生活深有体会，因此对黎民百姓怀有极大的同情心。长安的一切都在悄然发生着变化，而杜甫都看在眼里，并感到无比痛心。

当杜甫在繁华的长安城外见到在征兵政策下百姓被迫妻离子散的场面后，奋笔疾书，写下千古名篇《兵车行》。以《兵车行》为转折点，杜甫的目光，由关注自身不顺的入仕生活，开始转向关注黎民的苦难生活。

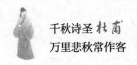
诗词欣赏

兵车行

杜甫

车辚辚，马萧萧，行人弓箭各在腰。

耶娘妻子走相送，尘埃不见咸阳桥。

牵衣顿足拦道哭，哭声直上干云霄。

道旁过者问行人，行人但云点行频。

或从十五北防河，便至四十西营田。

去时里正与裹头，归来头白还戍边。

边庭流血成海水，武皇开边意未已。

君不闻，汉家山东二百州，千村万落生荆杞。

纵有健妇把锄犁，禾生陇亩无东西。

况复秦兵耐苦战，被驱不异犬与鸡。

长者虽有问，役夫敢申恨？

且如今年冬，未休关西卒。

县官急索租，租税从何出？

信知生男恶，反是生女好。

生女犹得嫁比邻，生男埋没随百草。

君不见，青海头，古来白骨无人收。

新鬼烦冤旧鬼哭，天阴雨湿声啾啾。

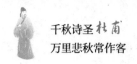
赏 析

《兵车行》是杜甫的一首叙事诗,记述了杜甫在长安城外遇到朝廷征兵的见闻。

诗的开篇三句直接写眼前场景,车辆轰隆,马蹄急促,扬起的漫天灰尘把咸阳桥都淹没了,百姓哭声遍野,直冲云天,画面凄惨。

从"道旁过者问行人,行人但云点行频"一句开始直到"生女犹得嫁比邻,生男埋没随百草",通过与当事人的询问和沟通,杜甫了解到了整件事情的来龙去脉,也看清了百姓当下所面临的处境:有的人十五岁就随军驻防,四处打仗,如今已经满头白发,又要出发戍边;有的人早已战死沙场,不知所踪。一批又一批的百姓奔赴战场,田地荒芜,战争没有停止,赋税还在增加,百姓苦不堪言但又无处诉苦,只感叹生儿不如生女，生女嫁比邻可以留在身边，生了儿子就只能到战场上送死。

诗的最后两句是杜甫所见所闻后的想象，青海边关的白骨已经堆满了，还有人不断赴死，阴沉的夜晚，风声、哭声遍野，场面悲凄。

在这首《兵车行》中，杜甫将矛头直指"武皇"，直白地指出百姓苦难生活的根源，即朝廷的好战（开边意未已）和沉重的赋税（县官急索租），辛辣深刻。从此时开始，杜甫越来越关注百姓疾苦，慢慢成就一代诗圣之名。

终于等到朝廷的任命书

困守长安近十年，杜甫终于等到了朝廷的任命书，担任河西尉，杜甫却推辞掉了，好在朝廷又让杜甫改任右卫率府兵曹参军。历经无数艰辛，杜甫终于进入仕途。

辞受河西尉

大约在天宝十二年（753 年）前后，长安暴雨如注、洪水泛滥，良田被淹，庄稼颗粒无收，灾民陡增，本就生活落魄的杜甫更加窘迫，每日靠领朝廷的救济粮度日。

杜甫在赠广文馆博士郑虔的《醉时歌》中写道："杜陵野客人更

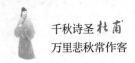
嗤，被褐短窄鬓如丝。日籴太仓五升米，时赴郑老同襟期。"自己穿着粗布衣衫，两鬓斑白，经常被人耻笑，靠官仓的米度日糊口，还时不时会到郑虔家中蹭吃蹭喝。这种"寄食友朋"的日子漫长而又无奈。

终于，杜甫的入仕之路迎来转机，朝廷任命杜甫为河西尉。但是，杜甫推辞掉了。杜甫在日后的诗中写道，自己"不作河西尉"的理由是"老夫怕趋走"，因为河西尉这一职位需要经常接待上级官员，还要负责司法逮捕、征收赋税等工作，杜甫作为文人并不想谄媚上级，也不想责罚百姓，于是辞掉了河西尉的任命。

终于实现的仕途梦

天宝十三年（754年），杜甫接到朝廷的任命书，被任命为"兵曹参军"①，这是一个从八品的官职，职位虽低微，却也算是杜甫艰难求仕之路有了一个结果。

杜甫任参军，主要负责掌管兵库钥匙，并不需要迎来送往地跟上下级打交道，因此算是一个比较清闲的职位，俸禄虽然不多，但在很大程度上解决了杜甫"卖药都市，寄食友朋"的生活难题，也实现了杜甫的长安入仕梦想。

---

① 霍然.杜甫[M].北京：团结出版社，2012：59.

幼子夭折，万分悲戚

　　杜甫在正式赴兵曹参军之任前，决定回奉先（今陕西蒲城）探望妻儿，却不料迎接他的不是亲人团聚的欢喜，而是白发人送黑发人的悲痛。

　　755年秋，杜甫从长安出发，一路风雨兼程，奔赴奉先。

　　从长安到奉先的路途中，杜甫的心情是欢喜的，一方面，自己很快就要和家人团聚了，另一方面，自己不再是流浪长安的一介布衣，终于实现了仕途梦想。

　　可当杜甫风尘仆仆地赶到家门口时，听到院内传出悲伤的哭声，冲进屋内一看，自己的小儿子刚刚饿死，妻子正悲痛大哭，邻里也伤心落泪。这一刻，杜甫的心被重重地捶打了一下，白发人送黑发人令他痛心至极。

　　匆匆安葬幼子后，备受打击的杜甫的精气神消耗了大半，中年丧

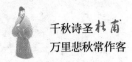
子实在悲痛。杜甫再回首困守长安十年求仕的艰辛、在长安城外咸阳桥上的见闻、返乡路上的奢华的皇家出游队伍和逃难的百姓，真是悲不从一处起，挥笔写下长篇巨作《自京赴奉先县咏怀五百字》，以抒发心中苦闷。

诗词欣赏

自京赴奉先县咏怀五百字

杜甫

杜陵有布衣，老大意转拙。许身一何愚，窃比稷与契。

居然成濩落，白首甘契阔。盖棺事则已，此志常觊豁。

穷年忧黎元，叹息肠内热。取笑同学翁，浩歌弥激烈。

非无江海志，潇洒送日月。生逢尧舜君，不忍便永诀。

当今廊庙具，构厦岂云缺。葵藿倾太阳，物性固莫夺。

顾惟蝼蚁辈，但自求其穴。胡为慕大鲸，辄拟偃溟渤。

以兹误生理，独耻事干谒。兀兀遂至今，忍为尘埃没。

终愧巢与由，未能易其节。沉饮聊自遣，放歌破愁绝。

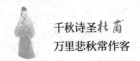
岁暮百草零，疾风高冈裂。天衢阴峥嵘，客子中夜发。

霜严衣带断，指直不得结。凌晨过骊山，御榻在嵽嵲。

蚩尤塞寒空，蹴蹋崖谷滑。瑶池气郁律，羽林相摩戛。

君臣留欢娱，乐动殷樛嶱。赐浴皆长缨，与宴非短褐。

彤庭所分帛，本自寒女出。鞭挞其夫家，聚敛贡城阙。

圣人筐篚恩，实欲邦国活。臣如忽至理，君岂弃此物。

多士盈朝廷，仁者宜战栗。况闻内金盘，尽在卫霍室。

中堂舞神仙，烟雾散玉质。暖客貂鼠裘，悲管逐清瑟。

劝客驼蹄羹，霜橙压香橘。朱门酒肉臭，路有冻死骨。

荣枯咫尺异，惆怅难再述。北辕就泾渭，官渡又改辙。

群冰从西下，极目高崒兀。疑是崆峒来，恐触天柱折。

河梁幸未坼，枝撑声窸窣。行旅相攀援，川广不可越。

老妻寄异县，十口隔风雪。谁能久不顾，庶往共饥渴。

入门闻号啕，幼子饥已卒。吾宁舍一哀，里巷亦呜咽。

所愧为人父，无食致夭折。岂知秋禾登，贫窭有仓卒。

生常免租税，名不隶征伐。抚迹犹酸辛，平人固骚屑。

默思失业徒，因念远戍卒。忧端齐终南，澒洞不可掇。

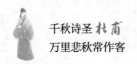
赏 析

　　《自京赴奉先县咏怀五百字》是杜甫"史诗"中的第一部长篇作品，凝聚了杜甫对个人、百姓、国家命运的思考和一腔悲悯、愤恨的情感。

　　"杜陵"八句是杜甫对自己怀才不遇境遇的感慨，杜甫自称杜陵布衣，自嘲一把年纪，空有伟大志向，实在愚蠢可笑。但只要自己还没有死去，就还是要为百姓发愁，要想办法纾解百姓苦难，不能转移志向。

　　"穷年"二十四句是杜甫对仕途和官场的感悟，自己的落魄经常遭到同辈嘲讽，也曾有隐居的打算，但更希望碰到像尧舜那样的明君而能有一番作为，可如今朝廷小人得志、整天经营算计，自己却因不肯巴结权贵而虚度半生，只能借酒消愁。

　　"岁暮"三十八句描述了杜甫探亲回乡

路上的见闻，皇帝和贵妃在骊山避寒，温泉暖气飘散，乐声响彻天空，随行的达官显贵被赏赐了无数宝物却不为皇帝分忧，行宫里的人穿着貂裘、吃着珍馐，酒肉都放臭了，路旁的穷人却被冻死饿死。朝廷的奢靡享乐和百姓的苦难艰辛，一乐一悲，对比鲜明，实在难以言说。

"北辕"三十句描述了杜甫作为父亲痛失幼子、作为官员怜悯百姓的沉重心情。杜甫几经曲折，终于到家见到妻儿，却不承想幼小的儿子竟活活饿死，满心的惭愧、自责，自己有俸禄，不用服兵役、交租纳税，仍免不了如此悲惨遭遇，想想百姓的生活又该是多么艰难。这样想来，悲痛之情高过山峦，远达天际，难以排解。

对于杜甫的这首诗，宋代诗人黄彻赞扬说："观《赴奉先咏怀五百言》，乃声律中老杜心迹论一篇也。"

第四章

乱世流离：盛世与年华一同衰落

安史之乱的爆发，让大唐盛世轰然倒塌。战火起，硝烟升，杜甫在这兵荒马乱的时代看尽了人间疾苦。他心系天下，想要忠君报国，遂辗转多地，不辞辛苦投奔唐肃宗，却因为直言进谏而遭受冷落。看透了世事沧桑的杜甫，写下一首又一首脍炙人口的诗篇，通过诗为世人还原了那个战火纷飞的时代，抒发自己忧国忧民的情怀。

安史之乱，盛世沉沦

开元盛世为大唐子民带来了前所未有的繁荣，然而花无百日红，许是被盛世的成就冲昏了头脑，晚年的唐玄宗李隆基不再励精图治，而是醉心享乐，殊不知，唐朝正在一步步走向衰落。

安史之乱爆发，杜甫北上鄜州

唐玄宗晚年时纵情玩乐，渐渐地，权臣当道，朝廷政治腐败加剧，社会矛盾开始激化。然而，唐玄宗依然沉迷后宫，醉心声色，终于引发了安史之乱。

唐玄宗天宝十四年（755 年）末，身兼平卢、范阳、河东三镇节

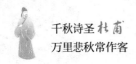
度使的安禄山与部将史思明发动叛乱，在范阳起兵。当地士兵久不经战事，面临突如其来的进攻被打得措手不及，安禄山仅用了一个多月的时间便占领了洛阳，并在洛阳自称"大燕皇帝"。

之后，安禄山的大军突破潼关，直逼长安。唐玄宗在将士们的保护下带着家人和近侍仓皇逃出长安。

安史之乱爆发，昔日繁华的长安城此时一派动乱、四处人心惶惶。叛军一路烧杀掳掠，百姓们只好四处逃难，杜甫也成了逃难大军的一员。正值暮春，他携带着一家老小，在路上看到了无数难民，他们吃不饱、穿不暖，整日心惊胆战，不知道该去往何方。

长安既已被叛军占领，杜甫就只好向北而行。他先是到达白水（今陕西白水县），然后向北穿过三川县（今陕西富县南），最后到达三川县西北的鄜州羌村（今陕西富县西北的羌村）。鄜州民风淳朴，人们看到杜甫一家逃难至此，纷纷向他们提供援助。

杜甫一路颠沛流离，途中充满了艰难险阻。三川县土山连绵，杜甫带着家人，背着行李，穿越荒僻的山谷，本就已经十分艰辛，偏偏天公还不作美，电闪雷鸣，雨不停地下，连日的雨水令河水水面暴涨，洪水肆虐咆哮。想着这洪水奔流而去，不知会给下游两岸的人们带来多少灾难和痛苦，杜甫的耳边仿佛已经响起百姓们的哀号，想到这些，他心痛不已，天灾人祸，受苦的终究都是百姓。杜甫将所见所闻写在《三川观水涨二十韵》一诗中，并感叹道："举头向苍天，安得骑鸿鹄？"

新帝即位，杜甫被擒

唐玄宗想要带领将士和家人们去往蜀地，来到马嵬驿一带时，将士们已经又累又饿，怨声载道。陈玄礼趁机指出，皇帝听信杨国忠，才导致安史之乱的爆发，一众将士们纷纷响应，将杨国忠杀死，并逼皇帝赐死杨贵妃。

之后，众人离开马嵬驿，一部分人随玄宗入蜀，另一部分人则跟随太子李亨北上。唐天宝十五年（756 年）农历七月，唐肃宗李亨在灵武登基，改年号为至德。

杜甫在鄜州将家人安顿妥当后，便想要投奔皇帝，为朝廷尽自己一份绵薄之力，助百姓脱离苦海。是时，新帝已登基，杜甫便决定直奔灵武。结果，在去往灵武的途中杜甫被叛军抓获，擒往长安。

困囿于长安，满怀忧与思

杜甫被抓后，被押送到长安，可能因为杜甫当时在朝廷中并未担任要职，所以并未被严加看管，仍可自由活动。

杜甫在长安苦闷之时，恰好遇到了大云寺的住持赞公。赞公热情地款待了正在躲避灾难的杜甫，为他提供住宿的地方以及餐食，这让杜甫心中充满了感激，他在《大云寺赞公房四首》中用这样的诗句表

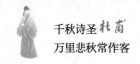
达了对赞公的感激："近公如白雪，执热烦何有。"赞公为杜甫在长安的阴暗岁月带来一丝光明。

虽然杜甫身体上没有经受摧残，但是精神上饱受折磨。"长安回望绣成堆，山顶千门次第开。"昨日长安的繁华依然历历在目，今日的长安怎就满目疮痍了呢？百姓们流离失所，苦不堪言，杜甫看到这一派萧条景象，心中五味杂陈，满是忧愁，他只能盼望着大唐的将士能尽快收复京城。

终于，唐肃宗至德元年（756年）十月，房琯受命统领将士前来收复两京，在位于长安西北的陈陶与叛军交战，结果大败，四万唐军几乎全军覆没。杜甫心痛不已，他在《悲陈陶》中写道："都人回面向北啼，日夜更望官军至。"长安的百姓与杜甫一样，都在盼望着官军能够早日收复长安。

杜甫困于长安，白日里为百姓、为朝廷的命运而担忧，到了夜晚，独自望着天上的明月，想到妻子也只能望月悲叹，心中不禁感到酸楚。身处乱世之中，常常身不由己，纵使思念如潮水，却也无法相聚，杜甫只好将思念化诸笔端，写下"香雾云鬟湿，清辉玉臂寒。何时倚虚幌，双照泪痕干"的诗句，寄托浓浓的思念与担忧。叛乱让杜甫夫妇无法相聚，在这场战乱中，还有多少像杜甫一样流离失所的百姓无家可归，甚至与亲人天人两隔呢？杜甫只希望朝廷能够尽早平复这场战乱，让受苦的百姓可以过上衣食无忧的生活。

诗词欣赏

春望

杜甫

国破山河在，城春草木深。

感时花溅泪，恨别鸟惊心。

烽火连三月，家书抵万金。

白头搔更短，浑欲不胜簪。

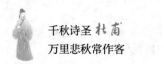
赏 析

　　这首《春望》写于至德二年（757 年）暮春时节，是时，叛军攻占长安已经将近一年，杜甫被困于长安也已半载，这个春天，他漫步在郊野，心中满是忧愁，于是提笔写下了这首流传千古的诗作。

　　"国破山河在，城春草木深。"山河依旧，但国家破碎，原本繁华的都城如今乱草丛生，破败不堪。"国破"与"城春"之对比，极其强烈。同时，一个"破"字，让人心痛不已，一个"深"字将荒凉之感刻画得淋漓尽致，亦将人们的思绪拉回现实。

　　"感时花溅泪，恨别鸟惊心。"花开鸟鸣本是美好的景象，但由于杜甫内心伤感，看到这些美景反而更加伤心，不禁潸然泪下，鸟的鸣叫也令人感到心惊胆战。

"烽火连三月，家书抵万金。"战祸连年，百姓民不聊生，人间充斥着一幕幕生离死别的惨象。而在战火连天的岁月里，对于与亲人两地相隔的人们来说，一封报平安的家书胜得过万金。

　　"白头搔更短，浑欲不胜簪。"种种愁绪涌上心头，国家坎坷的命运、百姓不幸的遭遇以及家人的安危都令杜甫坐立难安、烦躁难言。

　　这首《春望》情感真挚自然，读起来撼人心魄，共鸣极深。

逃离长安，奔赴凤翔

唐肃宗至德二年（757年）正月，安庆绪为夺权，与将士合谋杀死其父安禄山，并自立为帝。二月，唐肃宗南迁至凤翔，安庆绪被迫撤离，退回至邺城。随着战争形势的变化，有人逃回了长安，有人逃出了长安。

与友相聚，把酒言欢

杜甫的好友郑虔曾被叛军擒往洛阳，并被任命为水部郎中，郑虔不愿与叛军为伍，以生病为由，没有就任。至德二年，郑虔趁战乱之际，从洛阳逃回了长安。

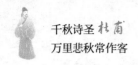
郑虔回到长安，恰好遇到了困在长安的杜甫。两位知交旧友在乱世中能够得以相见，实在是人间幸事。他们聚在一起，把酒言欢，畅谈过去的遭遇与所见所闻，想到如今的状况与未卜的前程，二人皆是一阵叹息。

短暂的相聚过后，二人再次分别，奔往各自的前程。

寻得机会，直奔凤翔

杜甫被困长安期间，内心一直为国担忧，他始终在寻求机会，逃离长安，投奔皇帝。终于，唐肃宗南迁至凤翔，杜甫一直等待的机会来了。

为了顺利逃走，杜甫先是求助赞公，在大云寺住了几日以躲避叛军。赞公为他准备了一些路上可能用得到的物什，并嘱咐他路上一定要小心。之后，杜甫便独自一人上路了，路上他提心吊胆，生怕再被叛军抓住，他避开叛军出没的地方，一路都尽量在荒无人烟的山林中行走，终于成功抵达凤翔，来到唐肃宗身边。

到达凤翔，见到亲友，这一刻杜甫终于安全了。回想这一路逃亡，每日战战兢兢，随时可能一命呜呼，杜甫在诗中感叹道："生还今日事，间道暂时人。"（《喜达行在所三首·其二》）

诗词欣赏

喜达行在所三首·其一

杜甫

西忆岐阳信，无人遂却回。

眼穿当落日，心死著寒灰。

雾树行相引，莲峰望忽开。

所亲惊老瘦，辛苦贼中来。

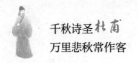

赏　析

　　杜甫从长安逃至凤翔后写了《喜达行在所三首》一组诗。这里的"行在所"指朝廷临时政府所在地，杜甫用一个"喜"字，突出自己顺利逃出长安后的喜悦心情。

　　"西忆岐阳信，无人遂却回。"那段时间，杜甫人在长安，但是心却一直记挂着朝廷，一直盼望着凤翔那边能给自己一些书信，可始终没能收到，杜甫只好逃离长安，独自奔赴凤翔。

　　"眼穿当落日，心死著寒灰。"逃亡路上，杜甫提心吊胆、望眼欲穿，想要尽快到达凤翔。"寒灰"二字，点出杜甫逃亡路上的绝望心情。但是"死灰"亦可复燃，可见，这种绝望中也蕴含着希望。

"雾树行相引，莲峰望忽开。"杜甫快要到达凤翔时，途中的树好像在为他引路，连绵的山峰好像忽然打开了一般。一个"忽"字刻画出杜甫在绝望中看到希望时的振奋心情，也让读者精神为之一振。

　　"所亲惊老瘦，辛苦贼中来。"诗的最后，杜甫没有直接写自己成功到达凤翔后的激动心情，而是转换视角，通过亲友之口，说出自己老了、瘦了，更加真实地反映出逃亡过程的艰辛。

任左拾遗，登仕途巅峰

杜甫经过一路艰辛的逃亡，终于来到唐肃宗身边，其中的辛苦只有亲身经历过才能深有体会。杜甫一心想要辅君济世，他凭借着强大的信念支撑着自己来到皇帝身边，想要实现自己的理想。

抵达凤翔，任左拾遗

杜甫为了避开叛军，一路躲躲藏藏，走的全是杂草丛生的小路，到达凤翔后，整个人都瘦了一圈，再加上衣衫褴褛，看上去既狼狈又憔悴。

杜甫面见唐肃宗时将这一路的遭遇悉数道来，唐肃宗感念杜甫的

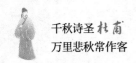
忠诚，便任命杜甫为左拾遗。

左拾遗官从八品，这个官职类似于现在的监察机关，可以直接向皇帝行谏议之事。这个官职品级并不高，但是杜甫却十分欣喜，在历经磨难后，杜甫终于登上仕途巅峰，他满怀希望地认为，终于可以实现自己的抱负，向皇帝建言献策，再创大唐盛世。

忙碌的同时，挂念妻儿

杜甫被任命左拾遗后，在凤翔安定下来，一切都渐渐地回到正轨。杜甫开始忙于公务，在忙碌的同时，他还挂念着远在鄜州的妻子和儿女。如今，正逢多事之秋，身处乱世之中的人随时都可能发生不测，不知此时此刻，他的家人们是否仍在鄜州？是否依然安好？

杜甫寄出书信，将自己的情况告知家人，他既盼望着早日收到回信，又担心收到噩耗，这种矛盾的心情时时折磨着杜甫，让他寝食难安，他在《述怀》一诗中写道："自寄一封书，今已十月后。反畏消息来，寸心亦何有。"战乱之时，没有消息就是好消息，杜甫只能这样安慰自己。

直谏忤旨，危在旦夕

　　唐肃宗任命杜甫为左拾遗，杜甫内心十分感激，他在左拾遗的位置上兢兢业业，想要成就一番作为。但杜甫不谙为官之道，他刚任职不久，就被卷入一场政治漩涡。

直言进谏，触怒龙颜

　　杜甫的好友房琯是当朝宰相，平日喜琴，常常听门客董庭兰弹琴，据说董庭兰就借此在外面弄权谋利。房琯为人狂放不羁，与朝廷很多官员的关系都不融洽，一些大臣就借此机会弹劾房琯，唐肃宗因此罢免了房琯的宰相之职。

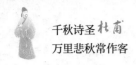

杜甫深信好友房琯的为人，不由得为他打抱不平。在杜甫看来，门客犯错应惩罚门客，因为门客贪赃枉法就罢免宰相的职位实在是小题大做。于是，他发挥谏臣的职责，不管生死，直言上书，请皇帝撤回命令，却触怒了龙颜，皇帝甚至下令派人审讯杜甫。

官场诡谲风云变幻，杜甫不知道，董庭兰一事只是唐肃宗罢免房琯的一个借口罢了，在此之前唐肃宗内心已经开始冷落房琯。至德元年（756年），房琯自请带兵收复两京，却因为只会纸上谈兵，导致将近四万兵士全部战死沙场。房琯虽在陈陶战败，但因是唐玄宗旧臣，故唐肃宗依然任命他为宰相。但是房琯孤高自傲，与朝中支持唐肃宗的多位大臣之间常常政见不合，唐肃宗也认为房琯只会夸夸其谈，内心对他早有冷落之意，借此机会，正好将其贬为太子少师。

杜甫就事论事，却未曾揣测上意，触怒了皇帝，被唐肃宗认为是房琯同党而被审讯。幸好当时的宰相张镐替杜甫求情，说杜甫是左拾遗，本身就应该直言进谏，这才判定杜甫无罪。

再次进谏，君臣疏离

想要在官场上如鱼得水，就要审时度势并懂得韬光养晦，但是杜甫似乎不明白这一点。

当时，唐肃宗宠爱淑妃张良娣，信任宦官李辅国，二人的权力越来越大，这让杜甫愤懑不已，杜甫认为，正是这二人内外勾结进献谗言才让皇帝罢免了房琯的宰相之位，因此，杜甫刚刚被判无罪，就再次进谏，在奏疏中杜甫除了称赞唐肃宗宽宏大量以外，还又一次为房琯辩护，可是他的劝谏却令皇帝更加愤怒，宰相张镐再次求情，才让杜甫免去牢狱之灾。

自此，唐肃宗与杜甫之间君臣疏离，渐行渐远。

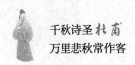
诗词欣赏

月

杜甫

天上秋期近，人间月影清。

入河蟾不没，捣药兔长生。

只益丹心苦，能添白发明。

干戈知满地，休照国西营。

赏 析

据推测，这首《月》写于至德二年（757 年）。当时，张良娣与李辅国意图夺权谋利，导致政局纷乱，杜甫虽愤懑，却也无可奈何，于是写下了这首诗抒发自己的情感。

"天上秋期近，人间月影清。"临近牛郎织女相会之日，月光更加清亮。如水的月光照耀人间，四周一片静谧。

"入河蟾不没，捣药兔长生。"在一些神话故事中，月亮上的阴影被看作是蟾蜍和捣药的兔子，因此月亮又被称作玉蟾、蟾宫、玉兔等。但也有人猜测说，杜甫在这里提到蟾蜍和兔子，是影射张良娣和李辅国，"蟾"入河而不没，"兔"则能长生，可见此时的杜甫对国家未来的前途忧心忡忡。

"只益丹心苦，能添白发明。干戈知满

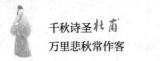

地，休照国西营。"后四句直抒胸臆。在月光的照射下，杜甫的丝丝白发更加显眼，如今，战事未停，希望月光不要去照"国西营"，以免引起将士们的思乡之情。

杜甫借月抒怀，当时国家外有灾患未除，内有佞臣当道，杜甫希望政局能如这月光般清澈，朝廷能早日荡平逆贼，让天下百姓过上太平日子。

步履匆匆，奔向家的方向

　　杜甫因房琯一事，逐渐受到唐肃宗冷落。君臣疏离，是杜甫不愿看到的，但是杜甫对此也无可奈何。他不能违背初心，趋炎附势，却也无法施展抱负，报效国家，正巧此时，杜甫日夜期盼的家书到了。

喜收家书，请求探亲

　　杜甫来到凤翔，被授予左拾遗一职，他一安顿好就寄出了家书，但是几个月过去了，一直没有收到回信，这让杜甫充满了担忧，直到八月，家书才姗姗来迟。

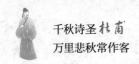
身处乱世，一封家书比黄金都要珍贵，拿到家书的杜甫十分激动，他怀着无比紧张的心情阅完家书后，知道家人都平平安安，一颗悬着的心才落了地。开心之余，杜甫特意作了《得家书》一诗，他在诗中写道："凉风新过雁，秋雨欲生鱼。农事空山里，眷言终荷锄。"杜甫已经感觉到皇帝在冷落自己，既然皇帝不需要他，倒不如回到需要自己的小家，于是他请求回鄜州探亲，很快便得到了准许。

好友相送，依依惜别

杜甫要回家省亲，但天公不作美，接连而下的雨让杜甫的行程一再推迟。多日之后，终于雨过天晴，中书省的舍人贾至和门下省的给事中严武，与两省补阙诸公一起为杜甫饯行。离别之际，大家作诗相赠，杜甫写下了《留别贾严二阁老两院补阙》一诗，他在诗中写道："田园须暂住，戎马惜离群。去远留诗别，愁多任酒醺。"从诗中可以看出杜甫对朝堂之事仍然充满牵挂和担忧。

送君千里，终须一别，饮下最后一杯酒，杜甫告别了朋友们，踏上了归家之路。

不辞辛苦，奔赴鄜州

鄜州距离凤翔有几百公里，但正逢战时，马匹均被征为军用，此次归家，杜甫只能徒步而行。到达邠州时，杜甫向驻守邠州的李嗣业将军借了一匹马，这才减轻了奔波之苦。

回家与亲人团聚本应是愉快的，但是现在国难当头，杜甫内心满是忧虑，无法真正开心起来。

大概是因为自己内心惆怅，从凤翔到鄜州，杜甫一路所见都是颓败的景象。杜甫先后经过了麟游县西的九成宫与宜君县北的玉华宫，看到当年金碧辉煌的宫殿如今孤寂苍凉，一派萧条，宫殿的昔盛今衰让杜甫联想到大唐如今的状况，心中不禁感慨万千，他写下《九成宫》与《玉华宫》两首诗，在诗中感叹道："我行属时危，仰望嗟叹久。天王守太白，驻马更搔首。"

一家团聚，难得的幸福时光

经过长途跋涉，杜甫终于到达鄜州羌村。距离上一次离开，已经一年有余，如今再次回到这个村庄，真是恍如隔世。家里的柴门比从前更加破旧，鸟雀叽叽喳喳，聒噪不停，一切都显得那么萧条。

杜甫突然出现在妻子面前，让妻子又惊又喜，她不敢相信站在眼

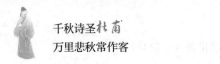
前的就是自己日思夜想的丈夫。面对突如其来的惊喜，妻子愣了好一会儿才缓过神来，眼泪禁不住流了下来。在这战火纷飞的年代，一家人能够再次团聚是多么的难得，热情的邻居们听说杜甫回来，也纷纷前来探望，大家为杜甫能够平安归来发自内心地高兴，过后又不禁感叹如今生活的艰辛。

杜甫在家的日子自然十分幸福，远离了官场上的尔虞我诈，妻子儿女陪伴在身旁，这种日出而作日落而息的简单生活是那么美好。

心怀天下，充满忧思

杜甫是幸运的，虽然生活清贫，但至少有容身之所，家人还能团聚。柴米油盐的日子平淡而安恬，但杜甫内心依然充满担忧。

他这一路走来，看到了太多悲剧，多少人流离失所，多少年轻的将士战死沙场，杜甫心中明白，只有太平盛世才能让所有百姓都过上幸福的生活。他心忧天下，希望改善百姓的生活状况，而想要实现这一点，他就必须回到朝廷中。

杜甫的忧心孩子们似乎也有所察觉，他在《羌村三首》中写道："娇儿不离膝，畏我复却去。"孩子们也担心杜甫会再次离开。

诗词欣赏

徒步归行

杜甫

明公壮年值时危，经济实藉英雄姿。

国之社稷今若是，武定祸乱非公谁。

凤翔千官且饱饭，衣马不复能轻肥。

青袍朝士最困者，白头拾遗徒步归。

人生交契无老少，论交何必先同调。

妻子山中哭向天，须公枥上追风骠。

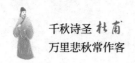
赏　析

　　这首《徒步归行》是歌行体，作于杜甫北上归家途中，是时，杜甫已年迈，头发花白，身体不似年轻时候强壮，连日的奔波让他疲惫不已，于是，杜甫写下此诗向驻守邠州的李嗣业将军借马归家。

　　诗的前四句，杜甫先将李嗣业将军称赞了一番。他赞誉李将军年纪轻轻就能力挽狂澜，平定一方祸乱。"壮年""英雄姿"等词语让李将军年少有为的英雄形象跃然纸上。

　　"凤翔"四句描写了安史之乱后，凤翔朝廷的状况和杜甫自身的窘迫境遇。"朝廷的官员们只是勉强能吃顿饱饭，轻裘肥马的生活如今只能是奢望，我这个左拾遗如今头发花白，也只能徒步回家。"

"人生"四句则将杜甫想要与李将军交友借马的想法和盘托出。李将军比杜甫年轻不少，而且他们二人一个是文官，一个是武将，有着诸多不同，尽管如此，在杜甫看来，他们依然能够结为好友。

　　读完这首诗，很多人都会对杜甫直率、真诚的性格特点以及豁达的交友观产生深刻的印象，也会对安史之乱后民生凋敝的社会状况有更多的了解。

第五章

零落天涯：愿做人间的明灯

至德二年（757 年），杜甫因房
琯之事向唐肃宗上疏直谏，最终被放
还鄜州省家，这次归乡显然是唐肃宗
有意疏远杜甫，但不管怎样，杜甫能
在战乱中与家人团聚，与羌村的父老
重逢，确实是值得庆幸的。身在鄜州
的杜甫始终关注着战局的变化，这一
年的九月、十月，朝廷的军队先后收
复了长安、洛阳，杜甫欣喜万分，他
十分迫切地想再次为朝廷效力。然
而，热情满腹、志向远大的杜甫并没
有得到朝廷的眷顾，接下来的日子
反而成了他梦断长安、零落天涯的
开始。

斩断长安梦，顿觉天地宽

唐肃宗至德二年（757 年）十一月，杜甫携家眷离开了曾经让他魂牵梦绕的鄜州羌村，从此以后，"鄜州月"只能存在于杜甫的梦境之中了。由于朝廷收复了长安，唐肃宗也从凤翔回到了长安，杜甫的目的地自然而然也是都城长安。

回到长安的杜甫仍然担任左拾遗一职，与贾至、王维、岑参等同朝为官，他满怀期待地想为朝廷尽职尽责，但现实却不断给他带来打击。

唐肃宗回到长安后，开始对安史之乱中沦陷在长安的官员治罪。杜甫有一位好友名叫郑虔，曾被安禄山授予过水部侍郎一职，虽然他并没有接受，如今仍然要按照三等罪论处。郑虔被贬为台州司户参军，他以年迈之躯前往台州任职，也许是怕牵连他人，郑虔并没有和朋友们告别便匆匆离去。杜甫得知好友被贬，本想去送行却未来得

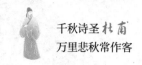

及，于是只能写诗送别——《送郑十八虔贬台州司户伤其临老陷贼之故阙为面别情见于诗》。诗中杜甫表达了对郑虔的欣赏，同时也认为郑虔被贬台州的惩罚实在过于严厉，另外对于自己没能当面送别老朋友感到十分惋惜，在诗的最后他写道："便与先生应永诀，九重泉路尽交期。"可见，对于郑虔的离开，杜甫是极为伤感和担忧的。好友的离去对杜甫触动很大，他虽身在长安却倍感凄凉，从朋友的遭遇中也开始联想自己今后的结局，前路何去何从，杜甫一片茫然。然而，郑虔的离开仅仅是这场政治风波的开始。

至德二年十二月，唐玄宗也从成都回到了长安，唐玄宗如今已经是太上皇，国都恢复，父子团聚，似乎一切都其乐融融，但表面的太平之下却暗流涌动，唐肃宗与唐玄宗之间的矛盾也逐渐显现出来。

唐肃宗李亨在灵武即位时正是安史之乱局势最严峻的时期，他先斩后奏将唐玄宗推上了太上皇的位置，其实这并不是唐玄宗的本意。现如今皇帝和太上皇同时回到长安，政治上的不安定因素越来越多，两大政治集团的斗争愈演愈烈。大权在握的唐肃宗开始了清除前朝遗老、排除异己的相关措施。这一时期，贾至、杜甫等人则成了被打击的对象。

唐肃宗乾元元年（758年）的春天，时任中书舍人的贾至被贬为汝州刺史。杜甫对于贾至的人品和文才都十分推崇，临别时写了《送贾阁老出汝州》一诗送行，诗中他宽慰贾至说人生能做到刺史的位置已经很好了，没有必要因此难过让自己徒增白发。

送别贾至没过多久，杜甫的政治命运也发生了转变。这一年六月，杜甫由左拾遗被贬为华州司功参军，同时被贬的还有之前做过宰相的房琯。这样的贬谪意图很明显，就是要将唐玄宗手下的一众老臣都逐出长安，让他们远离政治权力中心。

这次被贬，杜甫悲从中来，他意识到自己即将远离朝廷，远离长安，他自己"致君尧舜上，再使风俗淳"的政治理想很可能再也无法实现了。离开长安时，杜甫望向金光门，追忆往事，浮想联翩，即便内心有无限的留恋、不舍，现实却又让他无可奈何，杜甫怀着十分复杂的心情离开了长安。

杜甫这一次离开长安，毫无疑问是他仕途上的重大挫折，但从另一个层面来讲，却让杜甫从一个使他内心压抑的环境中解放了出来。在长安的日子虽然是杜甫仕途的巅峰时期，但毕竟担任的是低微的官职，眼界也局限于宫门、皇帝，他的生活并不畅快，就像他自己所说的："每愁悔吝作，如觉天地窄。"（《送李校书二十六韵》）如今离开长安，更像是一次突围，能够让自己开阔眼界，近距离接触人民，深切体会国家的苦难。从这个意义上讲，杜甫迈向了更加宽广的天地，未来他将用那支秃笔写出一篇篇流传千古的佳作！

三吏与三别，写尽世间愁苦

唐肃宗乾元元年（758 年）七月，杜甫来到华州赴职。

初到华州的杜甫心情十分低落，司功参军只是一个没有实权的小官，主要处理一些人事、祭祀、礼仪等方面的工作，这显然与杜甫最初的政治理想相差甚远。整日繁杂的案牍工作让杜甫疲惫不堪，加之天气炎热，生活环境恶劣，杜甫感到十分烦躁，他曾经写下这首《早秋苦热，堆案相仍》来描述当时的情景：

七月六日苦炎热，对食暂餐还不能。

每愁夜中自足蝎，况乃秋后转多蝇。

束带发狂欲大叫，簿书何急来相仍。

南望青松架短壑，安得赤脚踏层冰。

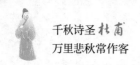

但杜甫终究是一个尽职尽责的人，即使现实中有诸多困难，他还是兢兢业业地完成自己的本职工作。但这一时期的杜甫也为自己的政治前途感到担忧，因为与他志同道合的朋友一个接一个被贬，他感到自己很难再回到长安了。

也许是华州的任职让杜甫心生厌倦，这一年的冬天，杜甫决定一路向东，回洛阳老家看一看。杜甫从天宝十四年（755年）在长安做官起，历经安史之乱，先后逃难到奉先、鄜州、凤翔等地，九死一生，已经有好几年没有回洛阳。如今洛阳已经被朝廷收复，理应回家看看。这次探亲并没有持续太长时间，当杜甫从洛阳返回华州的时候，战局又发生了重大变化，并且局势非常不乐观。

唐肃宗乾元二年（759年）的正月，大将郭子仪率领朝廷的军队与安庆绪、史思明在相州决战，郭子仪的军队竟然大败，损失惨重，只能退守到黄河边。这次战役的失利让朝廷收复失地的整体战略遭到重创。

战乱不断，且朝廷的军队打了败仗，这对于老百姓来说无疑是灾难性的结果。此时的杜甫正在洛阳返回华州的路上，他目睹了一幕幕惊心动魄、撕心裂肺的残酷现实画面。生活在这一带的老百姓刚刚结束了叛军铁蹄的蹂躏，如今又遇到了朝廷溃散军队的掠夺。民生凋敝、颠沛流离，战争给老百姓带来了深重的灾难。杜甫将路途中的所见所闻所感，写成了光耀千秋的现实主义诗作"三吏""三别"，这组诗作写出了人民的疾苦，揭露了安史之乱下唐朝的社会矛盾，更表达了杜甫对于百姓的巨大同情。

"三吏"中的《新安吏》描写的是杜甫从洛阳返回华州途中路过

新安县时的所见所闻。那天，杜甫抵达新安县时听到一片喧闹之声，原来当时朝廷军队大败，急需补充兵员，所以在此地征兵。

但连年的战争早已让当地没有了青壮年男子。这种情形之下，差役还是要点名征兵。小小县城没有合适的兵员怎么办呢？朝廷要求没有壮丁就抽"中男"，也就是刚刚成年的男子。把这样年幼的士兵推上战场，结果可想而知。大街上送孩子上战场的哭声整日不断，有的瘦小的孩子甚至没有人送别，只得独自应征入伍。"白水暮东流，青山犹哭声"两句读来令人有惊心动魄之感，可见杜甫对当地百姓怀有极大的同情。但他只能宽慰他们："莫自使眼枯，收汝泪纵横。眼枯即见骨，天地终无情！"很显然，杜甫对于不合理的兵役制度是持反对意见的，但在家国存亡的危急时刻，他又无法改变现状，虽然最后鼓励这些"中男"为国效力，但他的内心是极其矛盾且沉重的。

又有一天晚上，杜甫路过石壕村借宿，恰好遇到差役到石壕村征兵捉人，差役来到了一户人家，老翁见差役来抓人，吓得跳墙逃跑了，只剩下一个老妇人，老妇人与差役的一番对话让人无限感慨，原来老妇人家中的成年男子都上了战场，并且三个儿子已经战死了两个。最终为了完成征兵任务，老妇人竟然亲自上了战场……见此人间惨象，杜甫感慨万分，写下了三吏中的《石壕吏》。

后来，杜甫来到潼关。他看到这里的士兵在辛苦地修筑防御工事，士兵们信心满满。杜甫和潼关吏谈起了这里的防守，对方信心满满地向杜甫介绍了此地的地形和战略优势，坚信史思明的军队根本无法攻破潼关。"胡来但自守，岂复忧西都？"潼关吏的豪言壮语确实催人奋进，但杜甫想到了三年前哥舒翰据守潼关，战略上出现重大失

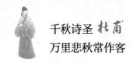
误，以至于损兵折将，给朝廷带来巨大损失。于是杜甫非常严肃地告诉潼关吏："请嘱防关将，慎勿学哥舒！"他提醒潼关吏一定要从之前的失败中吸取教训，不要重蹈覆辙。这一经历也被他记在了《潼关吏》中。

《新婚别》《无家别》《垂老别》这"三别"也作于杜甫从洛阳赶赴华州的旅途中。《新婚别》描写了一对新婚夫妇在结婚第二天被迫分离的情景，全诗都是新娘对于丈夫的送别词。新娘与丈夫刚刚成亲，丈夫就要奔赴战场，新娘十分不舍。她对丈夫先进行了一番痛苦的倾诉，最后却从个人痛苦中解放出来，勉励丈夫安心戍边，自己会在家中盼着丈夫的归来。通过全诗可以看出，当时的人民深受战争之苦，另外也渴望着朝廷能够早日平定叛乱，还给人民和平安定的生活。

《无家别》描写的是一个在相州溃败而归故乡的士兵，刚回到家乡却又被征服役，家中亲属都已在战乱中死亡，没有人可以告别了，所以叫"无家别"，士兵通过自述，描绘了洛阳一带田园荒芜人迹断绝的景象，揭示了唐王朝征兵政策已到了竭泽而渔的地步。诗的最后写道："人生无家别，何以为蒸黎？"人生在世家都没有了，像我这样的老百姓还怎么生活？这是广大人民对于统治者的控诉和绝望。

《垂老别》是以一位老翁的口吻描述了战争对人民生活的摧残，这位老翁已经"子孙阵亡尽"，家中没有人能够再上战场了，但面对征兵的命令，老翁内心激愤，战火纷飞中他与老妻生死诀别，还要宽慰老妻正视国家的灾难。于是他"弃绝蓬室居"，毅然舍弃了自己的家园，走上了战场。当然这种选择是无奈之举，这莫大的痛苦让人无法承受，以至于"摧肺肝"。

　　看到这一幕幕生离死别，杜甫的心变得越发沉重，他对于当时的朝廷也越发失望、不满，逐渐产生辞官归去的想法。而到达华州后，这一想法也变得越来越强烈……

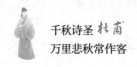
诗词欣赏

石壕吏

杜甫

暮投石壕村，有吏夜捉人。

老翁逾墙走，老妇出门看。

吏呼一何怒！妇啼一何苦！

听妇前致词：三男邺城戍。

一男附书至，二男新战死。

存者且偷生，死者长已矣！

室中更无人，惟有乳下孙，

有孙母未去，出入无完裙。

老妪力虽衰，请从吏夜归，

急应河阳役，犹得备晨炊。

夜久语声绝，如闻泣幽咽。

天明登前途，独与老翁别。

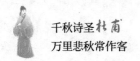
赏　析

　　《石壕吏》是"三吏""三别"中影响很大的一首作品，它创作于乾元二年（759年）杜甫由洛阳返回华州的路上，诗中描绘的情景是作者夜投石壕村的所见所闻。

　　全诗用白描的手法，再现了官吏深夜抓兵的情景，当听说官吏来抓人时，老翁跳墙逃跑，老妇人出门应付，这很显然是老两口事先商量好的。官吏傲慢且愤怒，老妇人只能连连叫苦。她对官吏诉说着自家的遭遇："家中的三个儿子都去前线打仗了，邺城之战中两个儿子已经战死，家里现在没有别人了，只剩下一个还在吃奶的孙子。如果需要家里出一个兵员，那就请把我带走吧。我虽然没有什么力气了，还能为兵士们准备些早饭……"

老妇人令人心酸的陈述并没有获得同情，官吏竟然真的让这位老妇人应征入伍了。夜里听不到人们说话的声音，却总是有阵阵哭声。天亮之后，"我"准备出发了，独自和逃回来的老翁告别。

　　安史之乱给唐朝人民带来了巨大的灾难，诗中描绘的情景是特定环境下的历史悲剧。杜甫在见到这些生死离别的场景后，对人民的同情也到达了顶峰。

弃官离去，远离名利场

  杜甫回到华州之后，继续着他琐碎的公务，但是此时他的思想发生了重大变化。在目睹了中原地区人民真实的生活状态后，他觉得自己作为一个地方小官对于改变当下的时局没有任何意义，失望之余，退隐之心越发强烈。

  唐肃宗乾元二年（759年）的春夏之交，长安地区发生了空前严重的旱灾，致使田地荒芜，百姓流离失所，人们生活在水深火热之中。杜甫既替遭受旱灾的百姓担忧，又为前线的战士忧虑，与此同时，他也不得不为自己眼前的生计而发愁。

  事实上，杜甫作为地方官，俸禄是足以支撑全家的生计的，但由于大灾之年颗粒无收，战乱年代民生凋敝，杜甫的官俸根本就无法兑现。作为一家之主，不能维持全家人的生计，让妻子孩子忍饥挨饿，这让杜甫忧从中来。再加之杜甫感到政治失意，前途渺茫，他干脆做

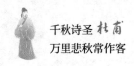
了一个大胆的决定——弃官而去。

杜甫曾在《立秋后题》一诗中说明了自己辞官的原因：

> 日月不相饶，节序昨夜隔。
>
> 玄蝉无停号，秋燕已如客。
>
> 平生独往愿，惆怅年半百。
>
> 罢官亦由人，何事拘形役。

简单来说，杜甫觉得自己年近半百，过去的岁月里一直受到各种条条框框的约束，如今想过自由自在、无拘无束的生活了。

从杜甫的为官经历不难看出，他早年一直为仕途奔波忙碌，但结果并不如人意，好不容易被授予了官职，却一直未得到重用。任左拾遗已经是人生巅峰，但那也只是一个七八品的小官，这终究与杜甫"致君尧舜上，再使风俗淳"的政治理想相隔甚远，并且后来仕途不畅，他忧国忧民又无力改变现状，不禁失去了继续为官的热情。杜甫原本有着崇高的政治理想，但当他目睹了国家和人民的现状，感受了朝廷的复杂与斗争后，他终于明白自己并不适合混迹在仕途的名利场中，对政治的失望让杜甫毅然弃官而去。

虽然说关中饥馑，无法维持生计是杜甫辞官的直接原因，但理想与现实之间的巨大落差才是他弃官而去的根本原因。杜甫的人生境界完成了一次升华，他对于政治和人生的思考都达到了新的高度。

诗词欣赏

赠卫八处士

杜甫

人生不相见，动如参与商。

今夕复何夕，共此灯烛光。

少壮能几时，鬓发各已苍。

访旧半为鬼，惊呼热中肠。

焉知二十载，重上君子堂。

昔别君未婚，儿女忽成行。

怡然敬父执，问我来何方。

问答乃未已，驱儿罗酒浆。

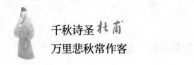

夜雨翦春韭，新炊间黄粱。

主称会面难，一举累十觞。

十觞亦不醉，感子故意长。

明日隔山岳，世事两茫茫。

赏　析

　　这首诗大概作于唐肃宗乾元二年（759
年）的春天。诗中，杜甫描述了与老朋友卫
八处士重逢的场景，令人感慨无限。

　　杜甫和卫八处士是少年时期的朋友，两
个人的生命轨迹却完全不同，有二十多年没
有见过面。所以对于这一次相逢，杜甫甚至
有些不敢相信。少年时期的朋友如今鬓发已
经发白，一些老朋友已经阴阳相隔，能与老
友重逢真是让人高兴。二十年过去了，当时
离别的时候卫八处士还没有成婚，如今已经
儿女成群，对此杜甫内心十分激动，他回忆
着过去的种种经历。卫八处士则是让儿女们
准备筵席来招待杜甫。韭菜和黄米饭作为餐
食，两个人开怀畅饮。

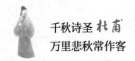

"主称会面难，一举累十觞。"历经战乱的人们深知此时此刻的难得，所以要尽情享受温馨、快乐的相聚时光。于是，卫八处士劝杜甫多饮几杯，他知道世事难料，等明天分别之后，再次相见将遥遥无期。

这首诗平和质朴、情真意切，向来被人们所推崇。

四处迁居，处处是离别

　　乾元二年的七月，杜甫携家眷一路向西奔向秦州（今甘肃天水）。杜甫选择去秦州大概是因为秦州远离战乱，可以获得安定的生活环境，另外秦州是个小地方，生活成本可能没有那么高，这样有利于维持一家人的生计。

　　来到秦州以后，杜甫只能靠亲友接济度日。秦州有一个杜甫的同室宗亲，算是他的侄子，名叫杜佐。杜佐久居秦州，有自己的家园、田地，过着像陶渊明一样的生活。杜甫免不了让他帮忙，作为文人的杜甫还用写诗的方式向杜佐讨要粮米。

　　令杜甫喜出望外的是，他的老朋友、曾对他多加照拂的赞公此时也正身处秦州。得知杜甫来到秦州，赞公也十分高兴，他当然愿意对身处困顿中的朋友再次伸出援助之手。

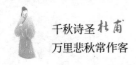

　　此外还有一位名叫阮昉的秦州人，尽管自己家也不宽裕，但他非常热心地帮助杜甫。他怕杜甫没有吃的，在一个雨天专门送来三十捆薤头，杜甫对此十分感激。

　　尽管有朋友的接济，杜甫在秦州的日子依旧过得艰难。每当杜甫漂泊在外、生活不如意时，他经常想念自己的兄弟，并借诗来抒发思弟情感。如今身在秦州的杜甫再一次思念起自己的几个弟弟，感叹战乱造成的兄弟离散、不通音信，于是他写了那首意味深长的《月夜忆舍弟》，尤其是当中"露从今夜白，月是故乡明"两句不知引发了多少人情感上的共鸣。

　　杜甫在秦州生活了大概三个月，由于无法彻底解决生计问题，他还是准备离开此地。离开秦州之前，杜甫与这里的亲友一一道别，众人无限感慨。在这年十月份，杜甫又举家前往秦州西南方向的同谷小城（今甘肃成县）。

　　杜甫在出发去同谷之前，在自己的诗作中曾经描绘了他向往的生活，诗中写到同谷有一位主人愿意帮助杜甫，不仅有饭菜还准备了一间茅草屋给杜甫居住。可是杜甫到达同谷之后，并没有出现这些情景，具体原因不得而知。杜甫只能自己修建了一座简陋的草堂居住，在这里杜甫的生活也经历了空前的困顿。凄风苦雨、饥寒交迫让杜甫感受了无比的艰辛，自己垂垂老矣却客居他乡，不禁让人思念起家乡和亲人。

　　此时的杜甫一家人可以说是衣不蔽体、食不果腹，每天需要的食物只能靠自己去山谷间采摘，而且经常是空手而回。杜甫终于无法忍受现实的窘境，他不忍心再让妻子孩子跟着自己吃苦，他再一次做出了离开同谷的决定。这一次的别离与秦州不同，同谷的短暂生活让杜甫感到无比酸楚和艰辛，不愿回首。经过思考之后，杜甫选择了下一个目的地——成都。

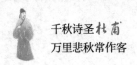

天末怀李白

杜甫

凉风起天末，君子意如何。

鸿雁几时到，江湖秋水多。

文章憎命达，魑魅喜人过。

应共冤魂语，投诗赠汨罗。

赏　析

　　唐肃宗乾元二年（759 年）秋天，身在秦州的杜甫得知李白流放途中被赦免并正在湖南游历这一消息后十分高兴，就写了这首怀念李白的诗作。

　　这首诗在一开始便弥漫着一股淡淡的愁绪。当秦地的秋风乍起时，杜甫想起老朋友李白，想知道李白在他乡是否安好。杜甫给李白寄去了书信，却又担忧江湖充满风波，路远山高无法送达。

　　"文章憎命达，魑魅喜人过"两句写出了自古才华横溢、智慧超群的人都会经历的命运，好的文章在命运劫难多的时候反而更精彩，那些奸佞的小人最喜欢罗织他人的过错。诗的最后作者将李白与屈原相提并论，

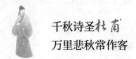

因为李白在湖南游历，杜甫告诉李白可以将自己的冤屈写成诗作，投进汨罗江中，与屈原进行精神上的交流。

杜甫的诗作中有很多是写给李白的，其中不乏名篇。尽管杜甫与李白见面的机会非常少，但他们之间的这份情谊确是世间少有的。

第六章

羁旅西南：在漂泊中熊熊燃烧的诗魂

安史之乱对整个唐王朝造成了空前严重的影响，杜甫的个人命运也在这一时期发生了重大转变。在深感时局动荡、个人理想破灭之后，杜甫毅然辞官成为一介布衣。为了生活，杜甫与家人几经辗转来到了西南蜀地，在这里虽然仍旧过着清苦的日子，但终于拥有了一段安定、宁静的时光。在这段日子里，杜甫也创作下了大量流传后世的经典诗作。

浣花溪畔的小小草堂

　　唐肃宗乾元二年（759 年）十二月，杜甫与家人由同谷小城出发前往成都。杜甫决定去成都的选择应该说既是明智之举，也是无奈之举。之所以说是明智之举，是因为西南地区暂时远离战乱，社会环境较稳定，且天府之国物产丰富、经济繁荣，更兼文物古迹众多，另外这里还有杜甫的老朋友，是非常适合杜甫来定居的。

　　之所以说是无奈之举，是因为杜甫从华州离开后一直向西走，在经历了秦州、同谷的不如意之后，如今只有前往西南蜀地才能暂时躲避战乱。不管怎样，来到成都的杜甫终于要开始一段新的生活了。

　　刚来到成都的杜甫一家没有房子，只能借住在成都以西七八里外的草堂寺（又名浣花溪寺），当时的成都府尹裴冕在生活上给了杜甫很多照顾。在距离成都不远的彭州，杜甫的老朋友高适正担任彭州刺史，高适对于杜甫的到来非常高兴，两个人还互有唱和。在老朋友的

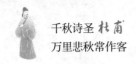

关照之下，杜甫的生活不像在秦州、同谷时那样窘迫了。尤其在同谷的时候，杜甫曾自嘲"囊空恐羞涩，留得一钱看"，可见当时是多么穷困潦倒。如今来到成都，生活环境有了很大的改善，杜甫就想着要为自己建一所房子。

建造房子首先要选址，杜甫准备在浣花溪畔建造一座草堂，他喜欢这里清幽的自然环境。春天到来时，这里百花盛开，溪水潺潺，是隐居的好处所。建房子所需要的花销可不在少数，远比填饱肚子难得多，但杜甫已经有了打算——向附近的亲戚、朋友写诗求助。

建房子需要的原材料特别多，他就一首一首地写诗，分别寄给不同的人，包括他的表弟、当地的县令、与他关系比较好的朋友等，大家也真心愿意帮助他渡过难关，都很支持他。经过一整个春天的修建，杜甫终于在唐肃宗上元元年（760 年）的暮春搬进了自己的草堂居住，从此这位命运多舛的大诗人终于有了自己的栖身之所。这一年，杜甫已经四十九岁。

杜甫有了安身之所，他的生活安定了很多，在此后的日子里，他也有了更多的精力去读书、写诗。

草堂既成，杜甫当然是非常高兴的，心情舒畅的杜甫在这一时期写出了许多吟咏自然风物的作品，比如《江村》：

清江一曲抱村流，长夏江村事事幽。

自去自来梁上燕，相亲相近水中鸥。

老妻画纸为棋局，稚子敲针作钓钩。

但有故人供禄米，微躯此外更何求。

成都杜甫草堂

如今生活安定，杜甫在闲暇时光里欣赏着燕子和鸥鸟的嬉戏，领略着自然风光的清幽，感到眼前的一切事物都是那么和谐、有趣。

转眼间一年时光过去了，上元二年（761年）的春天，在一场春雨过后，杜甫写出了那首千古名篇《春夜喜雨》：

好雨知时节，当春乃发生。

随风潜入夜，润物细无声。

野径云俱黑，江船火独明。

晓看红湿处，花重锦官城。

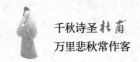
　　好雨深夜降临，润物无声，杜甫感到非常欣喜，他想象着一场春雨过后锦官城繁花似锦的情景，内心充满了期待，这是杜甫以前的诗作中很难看到的情绪。来到成都之后的杜甫显然是开启了一段新生活，仿佛自己也被春雨滋润了一样，身心都感到舒畅。

　　令人钦佩的是，尽管生活暂时安稳无忧，但杜甫依旧关心时局变化，关心着天下百姓的疾苦，那颗忧国忧民的炽热之心从未改变……

诗词欣赏

蜀相

杜甫

丞相祠堂何处寻，锦官城外柏森森。

映阶碧草自春色，隔叶黄鹂空好音。

三顾频烦天下计，两朝开济老臣心。

出师未捷身先死，长使英雄泪满襟。

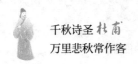
赏　析

　　唐肃宗上元元年（760年），杜甫在成都浣花溪畔建成一座草堂定居，生活安定的杜甫开始游览成都的名胜古迹，这首七律是杜甫游览成都武侯祠时创作的。

　　诸葛亮是三国时期蜀国的开国丞相，杜甫对其十分仰慕，这次专程来探访，所以诗的开头说"丞相祠堂何处寻"。武侯祠栽种了许多柏树，营造出庄严肃穆的气氛。虽然春草碧绿，黄鹂啼叫，诗人也没有心情欣赏，因为他正沉浸于对诸葛亮的智勇形象和丰功伟绩的追忆和想象中。

　　"三顾频烦天下计，两朝开济老臣心。"是杜甫对刘备、诸葛亮这对君臣关系的精妙总结，这也是杜甫内心理想的状态，此时此刻他一定想起了自己当年任左拾遗时的情景。诗的最后杜甫发出感叹，当年诸葛亮没能北伐成功却溘然长逝，这会让古往今来的天下有志之士泪洒衣襟。

杜甫凭吊诸葛亮，除了抒发对蜀国丞相的仰慕之外，更多的是对自己老大无成、流落西南的感叹。杜甫胸怀天下，忧国忧民，但他的理想在当时的政治环境下是不可能实现的，因而老泪纵横，借古伤今。

心怀天下寒士

　　唐肃宗上元二年（761 年）八月的某天，疾风怒号，卷走了杜甫居住的草堂顶上的茅草。杜甫本想去捡回被秋风吹散的茅草，对房子重新进行修葺，没想到四散的茅草遭到了一群孩子的哄抢。

　　当时，杜甫的内心非常焦急，但是他想到这些都是穷苦人家的孩子，也只能无可奈何，任由他们捡拾。狂风刚刚停止，带雨的乌云又袭来了，那天晚上，雨下得越来越大，由于房顶茅草太少，秋雨不断地漏到屋子里，打湿了床铺、地面，令屋子里一片狼藉。

　　长夜漫漫，杜甫无法入睡。他经历过苦难困顿的生活，深知当下生存的不容易。虽然他的草堂简陋不堪，且此时被秋风吹破、秋雨淋湿，可他毕竟还有一席之地得以安身，何其幸运！毕竟普天之下还有无数的寒士居无定所，遭受着饥寒交迫的折磨……在这种博大情怀的感召之下，杜甫写下《茅屋为秋风所破歌》这一千古名作：

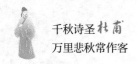
八月秋高风怒号，卷我屋上三重茅。

茅飞渡江洒江郊，高者挂罥长林梢，下者飘转沉塘坳。

南村群童欺我老无力，忍能对面为盗贼。

公然抱茅入竹去，唇焦口燥呼不得，归来倚杖自叹息。

俄顷风定云墨色，秋天漠漠向昏黑。

布衾多年冷似铁，娇儿恶卧踏里裂。

床头屋漏无干处，雨脚如麻未断绝。

自经丧乱少睡眠，长夜沾湿何由彻！

安得广厦千万间，大庇天下寒士俱欢颜！风雨不动安如山。

呜呼！何时眼前突兀见此屋，吾庐独破受冻死亦足！

　　杜甫虽然一生困苦，却始终忧国忧民，他觉得"大庇天下寒士"的愿望能够实现的话，就算自己的茅草屋完全破败，让他自己受冻也心甘情愿，这真是一种光耀千古的博爱。

　　《茅屋为秋风所破歌》充满了人道主义色彩，充分体现了杜甫思想中的"仁爱"主张。杜甫一生饱受困厄，却以解救全天下人的痛苦为愿望，不得不说这是一种无比崇高的理想。他思想中的仁爱情怀是常人难以做到的，这大概就是后人尊杜甫为"诗圣"的原因吧。

盛赞初唐四杰

在成都浣花溪草堂定居期间，杜甫有了更多空闲时间去专心研究诗文。当时社会上的文风不正，有人批评"初唐四杰"的文学作品标新立异，还有一些保守文人厚古薄今，杜甫对此十分生气。在他看来，"初唐四杰"的作品是当时的社会历史环境下的产物，具有划时代的意义，一些无知的文人却一直讥笑他们，这才是浅薄的表现。

"初唐四杰"指的是唐朝初年的四位文学家，即王勃、杨炯、卢照邻、骆宾王，世称"王杨卢骆"。他们的文学创作开创了一个新的时代，以他们四位为代表，逐渐摆脱了南北朝时期绮丽而不实用的文风，对于文学风气的扭转具有重大意义。杜甫一直对"初唐四杰"十分敬重，"初唐四杰"的创作理念与成就也曾对他产生不小的影响。

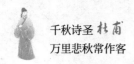

为了维护"四杰"的声誉，同时回击那批不学无术、只会讥讽他人的轻薄文人，他创作了《戏为六绝句》这组诗作。其中一首曾写道：

> 王杨卢骆当时体，
>
> 轻薄为文哂未休。
>
> 尔曹身与名俱灭，
>
> 不废江河万古流。

杜甫通过这首诗对"四杰"的历史地位进行了盛赞，他在诗中下了论断：过不了多久，这些浅薄的文人就会从历史当中消失，但王杨卢骆的文章仍然会像长江大河一样万古奔流。

杜甫在诗歌创作上有自己的文学主张和美学观点，他认为古人和今人的文章都有可取之处，不能单纯对某人的作品一味推崇或者贬低，而是要学习他们的精华，舍弃不可取之处，才是文风正道。杜甫的文学理论始终贯穿于他自己的诗歌创作中，他的诗风虽然沉郁顿挫，但并不保守，常有让人惊艳的佳作。就像他自己曾经说过的一样："为人性僻耽佳句，语不惊人死不休。"（《江上值水如海势聊短述》）严谨的创作态度和独特的审美观是杜甫在诗歌创作上一直追求的目标。

新朋旧友，足慰平生

　　杜甫定居浣花溪草堂之后，还结识了一些新朋友，比较知名的是他的"北邻""南邻"。北边的邻居是一位已经告老还乡的县令，此人姓王，喜欢饮酒作诗，和杜甫意气相投，两人自然而然成了朋友。南边的邻居是一位隐士，人称"朱山人"，朱山人安贫乐道，精通生活中的智慧，他每年都会种植大量的芋头和板栗，收获颇丰。朱山人也经常和杜甫相聚。此外还有一位邻居叫黄四娘，杜甫喜欢黄四娘家的花圃，鲜花绽放时甚是惹人喜爱，就像他自己在《江畔独步寻花》一诗中写的那样：

　　　　　　　黄四娘家花满蹊，

　　　　　　　千朵万朵压枝低。

　　　　　　　留连戏蝶时时舞，

　　　　　　　自在娇莺恰恰啼。

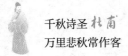

草堂的闲暇时光里，杜甫赏花戏蝶、饮酒写诗，与邻居们相聚，虽然日子过得依旧清苦，内心却很是安宁和满足。

除了新结识的朋友，杜甫还有一批一直帮助他的老朋友，与他的交往更是紧密。要知道，当初草堂能够建起来，几乎全靠亲友们的捐助。近在彭州的高适经常成为杜甫家的座上客，两人诗词唱和，好不畅快。杜甫与高适相交几十年，经历了仕途沉浮、战火纷飞，如今步入晚年仍然互相牵挂。他们有着同样的忧国忧民之心，但已经不可能再参与朝廷大事，只能是空怀理想，惺惺相惜。

杜甫在成都期间还迎来了他的另一位故交，就是严武。杜甫的祖父杜审言和严武的父亲严挺之是非常要好的朋友，所以杜甫和严武也算是世交了。这一次严武被任命为成都府尹，自然会关照自己的老朋友，他经常带着酒去看望杜甫，还出钱把杜甫的草堂扩建了一番，为草堂种植了一片竹林。这令杜甫喜出望外，此后两个人经常相聚，把酒言欢，秉烛夜谈。

成都杜甫草堂的花径

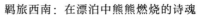

诗词欣赏

客至

杜甫

舍南舍北皆春水，但见群鸥日日来。

花径不曾缘客扫，蓬门今始为君开。

盘飧市远无兼味，樽酒家贫只旧醅。

肯与邻翁相对饮，隔篱呼取尽余杯。

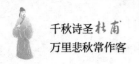

赏　析

　　此诗大致创作于唐肃宗上元二年（761年）的春天。此时，杜甫在成都草堂的生活稳定且闲适，经常会有朋友到草堂拜访，这首诗就是为了欢迎朋友而创作的。

　　杜甫的草堂经过打理，环境十分优美，草舍南北皆有春水流过，鸥鸟时时飞来。杜甫以对话的口吻欢迎着来访者：为了欢迎你的到来，门前的小径还没有来得及清扫，草堂的门却已经早早为你打开；家里距离城区比较远没有什么好的菜肴，家里的酒也是之前剩下的陈年酒；如果你愿意和我这里的邻居一起喝酒，我马上就把他叫过来，我们共饮一杯把酒喝干。

杜甫这首诗平铺直叙却情感真挚，他把生活中的小事融入诗中，具有很强的感染力。全诗透露着对于客人到来的喜悦，哪怕招待客人的条件有限也十分热情，字里行间充满了生活气息，这是杜甫在草堂居住时期闲适生活的写照。

又一次流亡之旅

　　宝应元年（762 年），大唐王朝发生了一件大事，先前被推为太上皇的唐玄宗李隆基和他的儿子唐肃宗李亨竟然在这一年四月先后去世了。五月，太子李豫即位，是为唐代宗。

　　到了这一年七月，在成都任职的严武突然被朝廷召回，这让杜甫十分伤感。严武的离开让杜甫失去了一位时常相聚的朋友。杜甫十分不舍，亲自为严武送行，一直远送至绵州（今四川绵阳）才与严武分开。

　　谁知世事难料，当他准备返回成都的时候剑南兵马使徐知道竟然谋反了，回成都的路早已被切断。杜甫经过思考，决定前往梓州（今四川三台县）暂避。前往梓州是杜甫不得已的选择，他四处辗转到达成都就是为了躲避战乱、谋求生计，没想到如今再一次踏上了流亡之旅。值得庆幸的是，梓州刺史章彝是严武的手下，他对杜甫十分厚

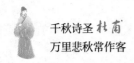

待，杜甫在梓州的生活也得以保障。

居住在梓州期间，杜甫又有了新的打算，原本他选择成都定居就是不得已的选择，如今蜀中又有战乱，自己身在梓州，靠近长江，不妨从这里顺流而下，返回长安、洛阳。杜甫这么计划着，其实也真的这么做了。这一年的秋天，杜甫就把家人从成都接到了梓州，为回中原地区做准备。

安史之乱的战局不断发生着变化，唐代宗广德元年（763 年）春，叛军首领史朝义兵败自杀，幽州贼将李怀仙向朝廷投降，至此朝廷的军队基本收复了河南、河北的大片土地，长达八年的安史之乱也基本上结束了。杜甫在梓州得到了这样一个令人振奋的消息，欣喜若狂，他老泪纵横，内心激动不已。从国家的角度而言，战乱终于平息，百姓也终于能拥有一个安定的生活环境了。从杜甫个人角度而言，多年的战乱让他颠沛流离、穷困潦倒，如今也终于可以安心地回洛阳老家了。激动之余，杜甫挥笔写下了他平生的第一首快诗《闻官军收河南河北》。

虽然杜甫已经决定要回洛阳老家，但由于各种各样的原因他还是在梓州、阆州等地停留了差不多一年的时间。杜甫的老朋友房琯在这一年的八月病逝于阆州，杜甫亲自前往吊唁。到了广德二年（764 年）的春天，杜甫带领全家来到了阆州，准备从阆水进入嘉陵江，从而顺长江而下前往洛阳，但在他出发之前，杜甫又接到了一个让他改变归乡计划的消息……

诗词欣赏

闻官军收河南河北

杜甫

剑外忽传收蓟北，初闻涕泪满衣裳。

却看妻子愁何在，漫卷诗书喜欲狂。

白日放歌须纵酒，青春作伴好还乡。

即从巴峡穿巫峡，便下襄阳向洛阳。

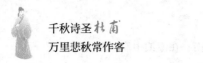

赏 析

　　这首诗写于唐代宗广德元年（763 年）的春天，持续了八年之久的安史之乱得以平息让杜甫大喜若狂，河南河北的土地收复以后，安史之乱彻底结束，杜甫多年来的期盼终于实现，他想尽快结束漂泊他乡的生活，用此诗记录了他当时的心情。

　　当杜甫得知河南河北被收复之后，第一反应不是狂喜，而是潸然泪下，但这是喜极而泣的眼泪。他把这个消息告诉了妻子，妻子脸上也没有了忧愁，诗人这时候才真正地狂喜起来，以至于把诗书胡乱卷起来，一扫多年以来的阴霾。狂喜之余，杜甫畅快地饮酒放歌，与此同时他还迫不及待做好了还乡的打算。很显然，杜甫离别家乡多年，归心似箭，已经规划好了回家的路线，他要乘船顺流而下穿过巴峡、巫峡，登岸后由襄阳直奔洛阳。

杜甫的诗风向来是沉郁顿挫、深沉老练的，这首诗一改这种风格，充满着喜悦明快的特点，因此后人评价这首诗是杜甫生平第一首快诗。经过战争离乱的人们对于家园的渴望是十分强烈的，杜甫此时对整个国家也有了新的期待。全诗情感奔放，一气呵成，感人至深。

幕府周旋，受尽苦楚

唐代宗广德二年（764年）的春天，杜甫正准备回洛阳，又得到了老朋友严武重新到蜀地任职的消息，并且严武屡次写信邀请杜甫回成都，这样一个插曲竟然又改变了杜甫的计划，他又要返回成都的浣花溪草堂了。也许是因为和严武私人交情深厚，而且成都草堂的生活也带来了安定和闲适，所以杜甫再次回到了成都。

严武深知杜甫为人刚正、学识高深，认为他这样空老于草堂而才华不能施展，实在太可惜，就推荐他为节度参谋、检校尚书工部员外郎。因为"工部员外郎"这一职务，后人也常称杜甫为"杜工部"。杜甫实际上是在严武的门下任参谋，成了严武的幕僚。杜甫从华州辞官之后一直没有再担任朝廷的任何官职，这次成为严武的幕僚，很大程度上是为生计所迫。就这样，五十三岁高龄的杜甫开始了幕府生活。

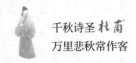

但是当杜甫成为严武的幕僚之后，他发现自己根本就不适合这个职位，原因是多种多样的。首先，杜甫与严武虽然私交不错，但他们在为政理念上有很大分歧，严武身为武将，豪爽强悍，杜甫与他的志向理想截然不同，二人还因此发生过不愉快，虽然后来两人捐弃前嫌，但这种矛盾是一直存在的。其次，严武手下的幕僚人数众多，且多为年轻人，杜甫已经五十多岁，却与这些比自己小二三十岁的人平起平坐，并且时常遭到他人的耻笑，让杜甫感到辛酸和耻辱。再次，杜甫这些年长期闲居，已经不再适应这些条条框框的管束，他认为自己不适合这样一份工作。所有这些不如意让杜甫受尽苦楚，恰巧在此时，杜甫的弟弟来成都看望他，这更加引发了他的思乡之情，杜甫已经决计要退隐回乡了。

唐代宗永泰元年（765年）正月，经过严武的同意，杜甫辞去了幕府的职务，他回归草堂，准备躬耕田园，继续过安稳轻松的日子。没想到这一年的四月，严武竟然暴病而亡，杜甫既伤心又惋惜。严武的突然去世让杜甫在成都再也没有了政治和生活上的依靠，所以杜甫很快就准备好了船只，决定携家人离开成都。

第七章

生命尽头：用一生演绎一曲沉郁壮丽的华章

在人生最后的岁月中，杜甫以船为家，漂泊于湘江之上。告别短暂的夔州岁月后，他历经江陵、岳阳、潭州、衡州等地，四处辗转，随波逐流，却始终寻不到一个安稳的归宿。最终，历经艰难困苦的他在一艘破舟中溘然长逝，"涕尽湘江岸"……

乘舟东下，一路飘摇

唐代宗永泰元年（765年）五月的一天，杜甫带着家人离开成都草堂，乘舟东下。旅途中，他忧思重重。

回想过往岁月，他飘零辗转，几经磋磨，受尽磨难却始终安之若素、不改其志。如今他已逐渐步入老年，两鬓斑白，尘霜满面，眉间、眼底始终藏着化不开的浓愁。回不去的故土，一路碰壁的仕途，圆不了的报国梦，哪一样都让他愁肠寸断、忧心如焚。

此时正是春末夏初之时，江水清澈，两岸青翠，远处山峰绵延如游龙，舒爽的清风携带着花香拂面而来。但杜甫却无心情欣赏眼前美景，他始终记挂着破碎的家国、离乱的苍生。

杜甫和家人乘坐的船经过嘉州（今四川省乐山市）、戎州（今四川省宜宾市）、渝州（今重庆）等地，来到忠州（今重庆市忠县）。忠州江岸旁有一座龙兴寺，杜甫在此小住了一段时间。

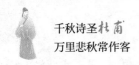

在此期间，杜甫突然听闻好友高适溘然病逝的消息，不由大恸。悲伤中，他写下《闻高常在侍亡（忠州作）》一诗缅怀好友：

归朝不相见，蜀使忽传亡。

虚历金华省，何殊地下郎。

致君丹槛折，哭友白云长。

独步诗名在，只令故旧伤。

到了九月，杜甫一家又乘船来到云安县（今四川省云阳）。这一路辛苦奔波，导致他旧疾发作，身体状况急转直下。无奈之下，杜甫只得暂时在云安县住了下来，打算好好静养一段时间。

在云安，他住在一方水阁里，水阁前方是广阔的江面，后方是巍峨的高山，环境清幽，十分适合养病。

在刚搬去水阁的那段时间里，杜甫因病腿脚动弹不得，只得缠绵病榻。然而，养病期间，他仍旧笔耕不辍，作下《十二月一日三首》《客居》等作品，抒发了自己的思乡之情。是啊，寄居他乡，疾病缠身，可以想见此时的他心里的忧愁烦闷有多深重。

据传千古名篇《旅夜书怀》也是作于这次飘摇东下的旅途中。《旅夜书怀》末尾两句"飘飘何所似，天地一沙鸥"正是这一时期杜甫心境的写照。在奔涌的大江、一望无际的原野和垂悬高空的静默无言的圆月、星辰面前，个体的生命是如此短暂脆弱，可谓微若草芥、渺若浮游。想到这一切，杜甫不由得发出这样的感叹：漂泊在这人世间，仿佛辽阔天地间一只渺小孱弱的沙鸥，可纵使前路苍茫，他也要向着心底的目标执着地孤飞。

　　在云安水阁休养期间，杜甫那种"天地一沙鸥"的飘零、孤寂之感越来越重。到了第二年春天，他听着窗外杜鹃之声，只觉得声声都是啼血悲鸣。所以等到暮春，杜甫身体好一些后，立马催促着家人收拾行李，开启了下一站的旅程。这一次，他们来到了夔州。

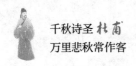
诗词欣赏

旅夜书怀

杜甫

细草微风岸，危樯独夜舟。

星垂平野阔，月涌大江流。

名岂文章著，官应老病休。

飘飘何所似，天地一沙鸥。

赏　析

　　《旅夜书怀》作于杜甫晚年，是一首杰出的五言律诗，也是杜甫的代表作之一。

　　"细草微风岸，危樯独夜舟。"月光下，温柔的夜风吹拂着江岸上的细草，一艘小船孤独地停泊在岸旁。此刻杜甫正身处小船之中，静静凝视着周围的风景。

　　"星垂平野阔，月涌大江流。"眼前的景色让杜甫沉醉不已：远处平野开阔，繁星点点缀满夜空，耳边涛声阵阵，大江滚滚向东流逝。

　　"名岂文章著，官应老病休。"颈联笔锋一转，由景入情。杜甫此刻疾病缠身，因仕途不顺、受人排挤而不得不远离官场、四处漂泊，他的心情悲愤而又无奈。

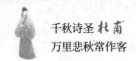

　　"飘飘何所似，天地一沙鸥。"最后，杜甫将自己比作茫茫天地间的一只沙鸥，在狂风中飘摇无依。这两句诗中弥漫着一股遗憾、无奈及伤感之情，杜甫的那种乱世飘零的形象也跃然纸上。

困居孤城，忆起当年事

唐代宗大历元年（766年）的春天，杜甫迁往夔州居住。在这座山城里，杜甫度过了三年平静安稳的时光。虽然生活暂时无忧，但夔州对于杜甫而言，却是一座困住他归乡脚步的"孤城"。在这里，他时常想起往事，对远方亲友的思念也越发浓烈。

夔府孤城落日斜

夔州位于长江三峡的起点，是一座历史悠久、风景秀丽的山城。最初搬来这座山城时，杜甫居住在城北山腰客堂。此处僻静，生活条件简陋，但杜甫向来安贫乐道、不慕荣华，早已习惯了这种远离喧

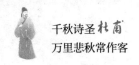

嚣、清贫朴素的生活，所以他很快就适应了新的环境。

因山地无法掘井，平时吃水、用水便成了难题。杜甫为了解决水源问题，便学着当地人的做法，用竹筒引山泉水到自己的居住地。他还养了一大群乌鸡，乌鸡们整天"喧呼山腰宅""塞蹊使之隔"（《催宗文树鸡栅》），杜甫便吩咐长子宗文在墙东空地搭建鸡栅栏。

在山腰客堂居住一段时间后，杜甫随后又迁居西阁、瀼西草屋、东屯等地。寓居夔州的岁月里，他偏安一隅，生活变得越来越简单、宁静。夔州都督柏茂林钦佩杜甫人品、才华，对他多有照拂。在柏茂林的安排下，杜甫拥有了百亩公田的管理权，这使得他及家人的生活有了更多的保障。后来，杜甫在瀼西又种了四十亩果园，凡事尽量亲力亲为。

那时，杜甫每日除了处理一些生活琐事、劳作、课子外，闲暇时间里，便是孜孜不倦地看书、作诗，偶尔出游，观赏三峡风光。

在夔州的生活是较为安宁闲适的，但杜甫心中却始终有着隐隐的缺憾之感。他知道夔州并不是他的归宿。

"夔府孤城落日斜，每依北斗望京华。听猿实下三声泪，奉使虚随八月槎。"（《秋兴八首·其二》）每每听到凄厉的猿鸣，他便黯然神伤。他多想乘着小舟回到日思夜想的长安、回到家乡，可是这愿望一再落空。此时的他，至交零落，壮志难酬，好像被困在了这孤城里，进退不得。

回忆当年，感慨万千

自从离开成都草堂，一路东下的日子里，杜甫时常想起往事。此刻身处夔府孤城，他对家乡的思念越发浓厚，当年的人与事终日萦绕在他心头，令他郁郁寡欢，感慨万分。

此时的杜甫已经是个"半顶梳头白，过眉拄杖斑"的老人，虽身体每况愈下，却始终保持着绵绵不断的创作热情。他将自己对往事的追忆、对故人的怀念都倾注笔端，作下一首首绝妙的诗歌。

他想起自己的童年时光和成长经历，从幼年时歌咏凤凰，到青年时漫游齐鲁大地，从长安十年、艰难求索，到巴蜀漂泊、颠沛流离，过往的一幕幕从眼前走马灯般掠过。情之所至，杜甫泼墨挥毫，洋洋洒洒写就一首五言古诗——《壮游》。《壮游》这首带有自传性质的叙事长诗成为后世研究杜甫生平事迹的重要史料。

除了《壮游》外，杜甫还写下《昔游》《遣怀》等诗作，在这些诗里，杜甫满怀感触地谈起李白、高适等知音好友。他曾与李白、高适"论交入酒垆"，而李白、高适的人品、口才都令杜甫异常倾慕，感叹相见恨晚。他也曾与李白、高适一同出游，三人携手登上"单父台"，兴致勃勃地观览"寒芜际碣石，万里风云来。桑柘叶如雨，飞藿去裴回"之景。

杜甫还作下八首长诗，名《八哀诗》，怀念他十分尊敬或与他交好或在他人生路上曾给予他帮助和关怀的八位故人。这八人分别是王思礼、李光弼、严武、汝阳王李琎、李邕、苏源明、郑虔、张九龄。

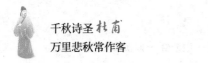
这八首长诗情感真挚，各具特色，读来令人感叹不已。

　　杜甫用诗歌去"叹旧怀贤"，他怀念故人、往事，更怀念昔日那个气象万千、空前繁荣的大唐。他困居孤城，一遍遍梦回大唐盛世，可一旦醒来，就又会堕入冰冷的现实。"彩笔昔曾干气象，白头吟望苦低垂。"（《秋兴八首·其八》）如今的他，只能依靠梦境、依靠回忆去汲取一点暖意，来抵抗这孤城长夜的寒凉。

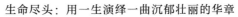

诗词欣赏

遣怀

杜甫

昔我游宋中，惟梁孝王都。

名今陈留亚，剧则贝魏俱。

邑中九万家，高栋照通衢。

舟车半天下，主客多欢娱。

白刃雠不义，黄金倾有无。

杀人红尘里，报答在斯须。

忆与高李辈，论交入酒垆。

两公壮藻思，得我色敷腴。

气酣登吹台，怀古视平芜。

芒砀云一去，雁鹜空相呼。

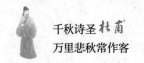

先帝正好武，寰海未凋枯。

猛将收西域，长戟破林胡。

百万攻一城，献捷不云输。

组练弃如泥，尺土负百夫。

拓境功未已，元和辞大炉。

乱离朋友尽，合沓岁月徂。

吾衰将焉托，存殁再呜呼。

萧条益堪愧，独在天一隅。

乘黄已去矣，凡马徒区区。

不复见颜鲍，系舟卧荆巫。

临餐吐更食，常恐违抚孤。

赏　析

　　《遣怀》作于唐代宗大历元年（766年），是一首五言古诗。

　　"昔我游宋中，惟梁孝王都。"在诗的前二句，杜甫回忆了当年畅游宋中地区（今河南商丘市南边一带）的情景。后十句用细致生动的笔调描写了宋中地区的繁荣生活景象：街道上车如流水，马若游龙，人来人往，摩肩接踵；街道两旁高楼林立，互相辉映；河道上桅帆不绝，运输繁忙；这里的人们待客周到、侠肝义胆。

　　"忆与高李辈，论交入酒垆。"杜甫谈起自己当年与李白、高适结交的经历。后六句则详细描绘了三人饮酒赋诗、结伴相游的场景。"先帝正好武，寰海未凋枯。"这二句笔锋一转，将视觉转向往昔，杜甫回忆起当年的唐玄宗尚武好战，国家也尚未衰

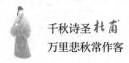

败。接下来的八句承接上文，描述了唐玄宗当年四方征伐，导致天下大乱、民不聊生的情形。

"乱离朋友尽，合沓岁月徂"这二句又将视角拉回今日，杜甫感叹岁月流逝不可追，昔日美好已成镜花水月，自己早已和朋友们分散凋零。接下来的八句里他谈到自己此时的处境：李白、高适等好友相继离开人世，他自己也已到了垂暮之年，乘着小舟四处漂泊，一腔愁思无所凭寄。

"临餐吐更食，常恐违抚孤。"最后二句杜甫坦言道，自己恐怕要客死他乡，无法照顾遗孤。

这首诗的情感异常复杂，既有对盛唐繁荣景象的追忆，又有对昔日好友的深刻怀念，还有对此刻漂泊生活的感伤，读来令人动容。

一曲悲歌天下闻

时间飞逝，转眼已来到唐代宗大历二年（767 年）的秋天。

这一年的重阳节，杜甫拄着拐杖艰难登上夔州白帝城外的高台，目之所见，苍穹、江水渺无边际，片片落叶被狂风吹落，孤独的飞鸟盘旋半空，四下里一片萧瑟、凄凉的景象。耳边传来阵阵"猿啸"，如此凄厉、哀婉，堪比杜甫内心的悲鸣。此刻，他心里涌起万千愁绪。

回想当年，他曾一口气登上巍峨雄壮的高山，登顶之时，他大口呼吸着山顶新鲜的空气，欣赏四周绝佳美景。那时的他欲踏遍河山，"一览众山小"，对未来野心勃勃、势在必得。

如今，他已成垂暮老叟，虽仍保留着峥嵘气骨，但一腔壮志早已被消磨殆尽，取而代之的是缠绵不断的悲愁。他悲叹自己寄居他乡、年迈多病的现实生活，悲叹自己漂泊无依、坎坷不顺的命运，更悲叹

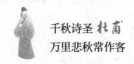

大唐江河日下的现状、黎民百姓苦不堪言的遭际。

这种种愁思郁结在心，难以排遣，令杜甫寝也难安，食也难安。那一天，他孤独地站立在萧瑟的秋风中，长久无言。

这次登高经历令杜甫记忆深刻，他因此写下《登高》这首诗，纪念当时的所见、所感。这首诗意境深远、慷慨激越，全篇虽以"悲"情串联，读来却是气势磅礴，丝毫不给人消沉、委顿之感。

《登高》可谓是杜甫晚年的一曲悲歌。这曲悲歌闻名天下、万古流芳，成为后世很多诗人心中的"七律楷模"，堪称独步千古。清代诗人杨伦就曾盛赞这首诗："高浑一气，古今独步，当为杜集七言律诗第一。"

杜甫之所以在重阳节时独步蹒跚，艰难登高，正是出于对家乡和亲友的思念。夔州生活虽然让他获得暂时的宁静，但他心里始终存着离开的念头。在《解闷十二首·其二》中，他这样写道：

> 商胡离别下扬州，
>
> 忆上西陵故驿楼。
>
> 为问淮南米贵贱，
>
> 老夫乘兴欲东流。

他身处夔州，却仍然关心淮南的米价，甚至冲动地想抛下夔州的一切，立即随着"商胡"东下，回到故土。

随着这样的冲动越来越强烈，杜甫离开的念头也越来越强烈。思来想去，他最终还是决定要离开夔州。

终于，大历三年（768 年）的正月，杜甫及家人乘船远去，临行前，他将自己在瀼西的四十亩的果园赠给"南卿兄"（一位友人）。他不曾想到的是，正是这个决定，令自己陷入漂泊无助的境地中。

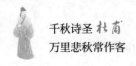

诗词欣赏

登高

杜甫

风急天高猿啸哀，渚清沙白鸟飞回。

无边落木萧萧下，不尽长江滚滚来。

万里悲秋常作客，百年多病独登台。

艰难苦恨繁霜鬓，潦倒新停浊酒杯。

赏　析

《登高》作于唐代宗大历二年（767年），全篇语言简练传神，气势悲壮雄浑，不愧为一首千古名作。

"风急天高猿啸哀，渚清沙白鸟飞回。"杜甫在重阳节时登高望远，那一日疾风呼啸，天空高阔，飞鸟低回盘旋，目之所见，一片萧瑟之景。

"无边落木萧萧下，不尽长江滚滚来。"秋风中，树叶纷纷飘落，簌簌有声，远处长江如一条游龙，浩浩荡荡，滚滚而来。

"万里悲秋常作客，百年多病独登台。"杜甫强撑病体，独自登上高台，沉浸于眼前肃杀的秋景中难以自拔。而"悲""病""独"等字眼也与颔联呼应，突出了杜甫此刻浓重的羁旅悲愁和孤独感。

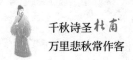

"艰难苦恨繁霜鬓，潦倒新停浊酒杯。"
尾联点出杜甫此刻的处境：国困民艰的现实
压得他喘不过气来，个人的坎坷遭遇也折磨
得他两鬓斑白、愁容满面。明代诗人胡应麟
在其著作《诗薮》中如此评论这二句："软
冷收之，而无限悲凉之意，溢于言外。"

这首《登高》被誉为"千古七律第一"，
其影响深远，受到了后世诗人一致的赞赏与
推崇。

日暮穷途，江舟度余生

大历三年（768 年）早春时节，杜甫从夔州白帝城出发，出瞿塘峡，一路飘摇来到江陵（今湖北省荆州市）。令杜甫没想到的是，这竟是一场"日暮穷途"之旅。

赶赴江陵，遭遇一场生存危机

赶赴江陵的路途中，杜甫心中有着无限怅然，却也怀着几分激动。"残生逗江汉，何处狎樵渔。"（《将别巫峡，赠南卿兄瀼西果园四十亩》）他猜想，或者自己的余生将会在江陵度过。

船行江上，两岸风光秀丽。杜甫不由诗兴大发，作下长诗《大历

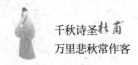

三年春白帝城放船出瞿塘峡久居夔府将适江陵漂泊有诗凡四十韵》，诗中，他详细记录了这一路的见闻，感叹"出尘皆野鹤，历块匪辕驹"。在他看来，人生在世，名利二字不值一提，如果能像野鹤一样超凡脱俗，自由自在地遨游于天地之间，那真是世间头等畅快之事。

然而，现实是他不得不在暮年之时乘舟出峡，拖着沉重的病体沿水路漂泊，无比艰辛地寻找一个归宿。尽管如此，杜甫心中还是充满希望的，并对江陵生活怀有无限憧憬。

他此行之所以如此决绝、笃定，很大一部分原因在于弟弟杜观的鼓励。杜甫有四个异母弟弟，分别名为杜颖、杜观、杜丰、杜占。杜甫对弟弟们感情真挚，在夔州时，他时常因思弟而"十年朝夕泪，衣袖不曾干。"（第五弟丰独在江左，近三四载寂无消息，觅使寄此二首）

次弟杜观曾前往夔州看望杜甫，后来杜观移居当阳（江陵府属县之一），他时常写信劝哥哥杜甫出峡，去江陵与他相聚。杜甫曾作诗记载此事："自汝到荆府，书来数唤吾。"（《续得观书迎就当阳居止正月中旬定出三峡》）

可以说，正是在杜观的催促和鼓励下，才让杜甫下定决心，舍弃了夔州的安稳生活，不辞辛苦奔赴江陵。然而，令杜甫无比失望的是，当他历经辛苦到达江陵时，经历的竟是一场生存危机。

不知何故，频频邀请兄长前往江陵与自己团聚的杜观后来在杜甫的诗中再没有出现过。或许二人之间发生了一些变故，但因杜甫在此后作下的江陵诗中绝口不提，后人便也无法知晓。

杜甫的江陵生活充满辛酸，他没有多少积蓄，唯一可以称得上是资产的四十亩果园也在离开夔州前赠给了友人。老迈的他纵使"右臂偏枯半耳聋"，也不得不为生计奔波劳苦。他曾寻求荆南节度使卫伯玉的帮助，却受到冷遇。他偶尔拖着病体去拜访江陵幕府群僚，下人们见他是一个耳聋、枯瘦的贫苦老人，都不肯为他通报。

"苦摇求食尾，常曝报恩鳃。结舌防谗柄，探肠有祸胎。苍茫步兵哭，展转仲宣哀。饥藉家家米，愁征处处杯。"（《秋日荆南述怀三十韵》）为了度过这场生存危机，拖家带口、穷困潦倒的他不得不四处"乞讨"，但当地幕府群僚中竟无一人伸出援手。

杜甫深陷困境，难以自拔。挨到这年晚秋时，他和妻子、儿子不得不坐船去了江陵以南的公安县，以寻求新的出路。登船前后的某个清晨，他写诗感叹道："更欲投何处？飘然去此都。形骸元土木，舟楫复江湖。"（《舟出江陵南浦奉寄郑少尹审》）

水路漂泊，江舟度余生

杜甫到达公安县不久，还没扎稳脚跟，这里便发生了变乱，他不得不收拾行囊，又一次坐船去了远方。这一次，他来到岳州，当时已是冬天，北风萧瑟，冰寒彻骨。

在岳州，杜甫时而强打精神，吟唱"图南未可料，变化有鲲鹏"（《泊岳阳城下》），是啊，如果放舟南下，放手一搏，说不定能如鲲鹏那般扶摇直上、一举突破当前的困境。然而，在艰难登上洞庭湖旁

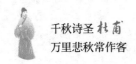
的岳阳楼时，他又灰心丧气，黯然神伤，感叹"亲朋无一字，老病有孤舟"（《登岳阳楼》），亲朋故旧音信全无，年老多病的他就像一叶残破的孤舟在茫茫江面上随波逐流。

大历四年（769 年）的正月，杜甫乘船离开了岳州，决定前往衡州，去投奔时任衡州刺史的老友韦之晋，以寻求韦之晋的照拂。在赶赴衡州的路途中，他经过潭州（今湖南省长沙市），在此期间还登临岳麓山，留下一首长诗《岳麓山道林二寺行》。

之后，经过一段时间的水路颠簸，这年三月底，杜甫终于来到衡州（今湖南省衡阳市），和老友韦之晋重聚。可惜的是，韦之晋早已接到调令，改任潭州刺史，即刻就要启程。对此，杜甫很是难过，他终究是摆脱不了至交零落、沦落天涯的结局。

这一路，杜甫乘船顺着水流的方向走走停停，早已身心俱疲。在衡州时，他终于再一次病倒，不得不暂居此地休养。养病期间，他强忍病痛，终日笔耕不辍，作下《咏怀二首》等佳篇。

一连数月，杜甫都缠绵病榻，等身体稍微好转后，他便立马乘船赶往潭州。谁知此时一个噩耗传来——韦之晋在潭州上任不久后便因病去世。杜甫悲痛不已，写下《哭韦大夫之晋》悼念好友。

从江陵、公安、岳州、潭州、衡州再到回到潭州，杜甫一路辗转，一路漂泊，除了短暂的上岸歇脚外，他大部分时间都是在船上度过的，几乎是以船为家。他经历得越多，也就越灰心。不只为自己，更为战乱中艰难求生的黎民百姓。

在岳州，他看到当地渔民、农民的艰辛生活，一时有感而发，写下"渔父天寒网罟冻，莫徭射雁鸣桑弓。去年米贵阙军食，今年米贱大伤农"（《岁晏行》）的诗句，哀叹世乱民穷、人生艰难。在赶赴衡州的路途中，他遇到一位山间采蕨女，听闻她的不幸经历，不由心如刀绞，咬牙痛斥道："贵人岂不仁？视汝如莠蒿！""奈何黠吏徒，渔夺成逋逃！"（《遣遇》）

纵使晚年的杜甫历经辛苦，自身难保，却依旧心系天下百姓，为百姓们的不幸遭遇痛苦悲号，这股圣哲情怀照耀千古。

那段时间，他疲倦地漂泊于湘江之上，逐渐迎来了人生中最后的时光。

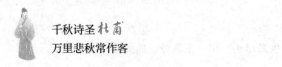
诗词欣赏

岁晏行

杜甫

岁云暮矣多北风，潇湘洞庭白雪中。

渔父天寒网罟冻，莫徭射雁鸣桑弓。

去年米贵阙军食，今年米贱大伤农。

高马达官厌酒肉，此辈杼轴茅茨空。

楚人重鱼不重鸟，汝休枉杀南飞鸿。

况闻处处鬻男女，割慈忍爱还租庸。

往日用钱捉私铸，今许铅锡和青铜。

刻泥为之最易得，好恶不合长相蒙。

万国城头吹画角，此曲哀怨何时终？

赏　析

　　《岁晏行》是杜甫晚年的经典作品之一，这首诗最突出的特点在于杜甫大量运用对比手法去刻画百姓的贫苦、悲惨的生活场景，是一首感人至深的杰作。

　　"岁云"八句描述了杜甫在年终的时候经过北风呼啸、白雪纷飞的洞庭湖时的所见所闻：天寒地冻，当地的渔夫难以捕鱼，只得望湖兴叹；莫徭人张弓去射大雁，希望能捕获一点生活物资；当地农民生活贫寒，过得无比凄苦，达官贵人们却生活奢靡、腐败。

　　"楚人重鱼"四句中，杜甫感叹百姓过得艰难，不少人因为赋敛沉重，甚至去卖儿鬻女，在这种情况下，"枉杀南飞鸿"也变成一件可以理解的事情。接下来的四句，杜甫讽刺朝廷纵容货币滥造、假冒，以至于市

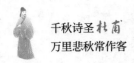

场混乱、百姓陷入水深火热之中。对于封建统治者的这般腐败行为，杜甫愤怒无比，而对于人民的疾苦，他又投以深切关注与同情。

"万国城头吹画角，此曲哀怨何时终？"最后二句是对以上种种乱象的总结，杜甫犀利地指出正是因为连年战乱，才导致民不聊生。他感叹道，这种局面若得不到改变，他的这曲"哀怨之歌"便永远无法停歇。

凄凉落幕，世上再无诗圣

"暮年漂泊恨，今夕乱离啼。"暮年时的杜甫不得不旅居舟上，四方漂泊。日子过得越来越艰难，杜甫的身体也越来越差。久病成医的他有时候会前往附近的渔市上摆摊卖药，以此维系生计。

在潭州时，杜甫结识了一位名叫苏涣的年轻人。杜甫和他一见如故，相谈甚欢。在杜甫看来，苏涣文武双全，才华过人，是不可多得的人才。与苏涣的相识、相交，为他艰难坎坷的暮年生活带来了些许快乐与畅意。后来，他还在诗中夸赞苏涣："剧孟七国畏，马卿四赋良。门阑苏生在，勇锐白起强。"（《入衡州》）

然而，杜甫的潭州生活也很快因城内突发的一场动乱而匆匆结束了。杜甫一家趁乱逃生，驾着小船南下，回到了衡州。途中，他作下《逃难》一诗，感叹："已衰病方入，四海一涂炭。乾坤万里内，莫见容身畔。"杜甫一生经历了无数次逃难之旅，可越逃，路便越窄。到

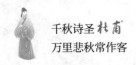
了人生尽头，他回首四望，天大地大，竟无一处安身之地。

"妻孥复随我，回首共悲叹。"身旁的妻子也和他一起哀叹起来。杜甫听了心中满是苍凉，却又生起几分温暖。无论他落魄到何种境地，这一路，妻子始终陪伴在他身边，细心照料他的病体，耐心抚慰他痛苦不堪的心灵。这份患难与共、白首相随的感情绵厚而深沉，是杜甫晚年生活中不多的光亮与温暖。

杜甫与家人在衡州短暂停留后，便又驾着小船开启了又一段旅程。原本他们打算前往郴州（今湖南郴州市），去寻求郴州当地一位舅父的帮助，然而，当船进入耒阳县境时，便因江水大涨而不得不停泊在方田驿。一连数日过去，船上储存的食物早已吃完，杜甫及家人不得不忍饥挨饿。突然有一天，耒阳县令前来拜访，为杜甫一家送来救急的食物、酒水。杜甫惊喜不已，感激不尽，耒阳县令的义举实在是雪中送炭。后来，他还写下一首诗表达自己的感激之情。

一段时日过后，江水水位下降，耒阳县令又来拜访杜甫，却遍寻不见其踪迹。耒阳县令十分感伤，以为杜甫不幸葬身于江水。他派人在耒阳县北修建了一座空坟，以纪念杜甫。

因为这段"插曲"，后世逐渐产生这样一种说法：杜甫在饱食痛饮耒阳县令送来的美酒佳肴的当晚便去世了。《旧唐书·杜甫传》中便有这样的记载："寓居耒阳。甫尝游岳庙，为暴水所阻，旬日不得食。耒阳聂令知之，自棹舟迎甫而还。永泰二年，啖牛肉白酒，一夕而卒于耒阳，时年五十九。"

然而，耒阳县令雪中送炭是真，杜甫因饱食致死大概率只是误传。当年，杜甫及家人被困耒阳前行不得，没过多久便返回了衡州。

稍作停留后又回到了潭州。那段时间，他曾计划北上汉阳，回到长安，回到故乡洛阳，再听一听熟悉的乡音，看一眼故土风华，然而，令人心碎的是，贫病交加的他再无能力走出湘楚之地、回到故土。

人生中的最后一段时光，杜甫漂泊于湘江之上，风疾越发严重。他强撑身体，写下《风疾舟中伏枕书怀三十六韵奉呈湖南亲友》这首长诗，不久后便离开了人世。此后，世上再无诗圣。那一年是唐代宗大历五年（770年）的寒冬，杜甫五十九岁，还未到花甲之年。

"战血流依旧，军声动至今。"直到生命的最后一刻，他还怀抱着济世之志，始终牵挂着家国命运，如此高尚的情怀令人钦佩不已。

杜甫去世后，他的灵柩厝在岳州，直到唐宪宗元和八年（813年），其孙杜嗣业经历种种努力后，才得以将祖父杜甫的遗骨运回河南偃师，安葬于首阳山下。至此，杜甫才算真正回到了家乡。

"千秋万岁名，寂寞身后事。"杜甫一生备受冷遇，尝遍苦楚，然而无论他经历多少艰难困苦，却始终保持着坚韧不拔的品质和乐观向上的精神，一路逆流而上，始终不改初心。他笔下的诗篇仿佛带有永恒的穿透力，能一遍又一遍地震惊世人，令人们不自觉地对现实世界生起反思。可以说，杜甫用一生演绎了一曲沉郁壮丽的华章，而他的风骨与情怀也令世人铭记至今。

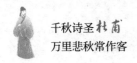
参考文献

[1] 冯至.杜甫传（2版）[M].北京：人民文学出版社，2018.

[2] 郭宏文，刘悦欣，邢万军.杜甫：他若笔落，便惊风雨 [M].哈尔滨：北方文艺出版社，2019.

[3] 郭沫若.李白与杜甫 [M].北京：北京十月文艺出版社，2022.

[4] 何灏.杜甫诗传：孤舟一系故园心 [M].武汉：长江文艺出版社，2019.

[5] 洪业.杜甫：中国最伟大的诗人 [M].曾祥波，译.上海：上海古籍出版社，2020.

[6] 侯磊.唐诗中的大唐 [M].合肥：安徽人民出版社，2013.

[7] 霍然.杜甫 [M].北京：团结出版社，2012.

[8] 姜正成.忧国诗圣杜甫 [M].北京：中国财富出版社，2016.

[9] 竭宝峰.杜甫写诗为民成一代诗圣的故事 [M].沈阳：辽海出版社，2009.

[10] 金启华，胡问涛.杜甫评传 [M].西安：陕西人民出版社，1984.

[11] 康震.康震评说诗圣杜甫 [M].北京：中华书局，2010.

[12] 赖瑞和.杜甫的五城：一位唐史学者的寻踪壮游 [M].北京：清华大学出版社，2013.

[13] 林希美.盛世万里悲秋，一酌散尽古愁：杜甫传 [M].天津：天津人民出版社，2021.

[14] 莫砺锋，童强.杜甫传 [M].武汉：长江文艺出版社，2019.

[15] 莫砺锋.杜甫评传 [M].南京：南京大学出版社，2019.

[16] 山东大学中文系古典文学教研室.杜甫诗选 [M].北京：人民文学出版社，1984.

[17] 随园散人.杜甫传：所有流浪，都是归程 [M].南京：江苏凤凰文艺出版社，2019.

[18] 孙多吉.中国诗歌史 [M].西安：陕西人民出版社，2005.

[19] 田梦.半世风烟一场梦：杜甫诗传 [M].沈阳：万卷出版公司，2020.

[20] 王晓磊.六神磊磊读唐诗 [M].北京：北京联合出版社，2022.

[21] 谢思炜.杜甫诗选 [M].北京：人民文学出版社，2005.

[22] 叶楚桥.我是人间自在客 [M].北京：北京联合出版社，2021.

[23] 叶嘉莹.古诗词课 [M].北京：生活·读书·新知三联书店，2018.

[24] 员晓博.诗圣杜甫传 [M].北京：中国社会出版社，2018.

[25] 张道文.杜甫诗传 [M].武汉：华中科技大学出版社，2013.

[26] 张昕.诗中圣哲，笔底波澜：杜甫传 [M].北京：民主与建

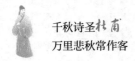

设出版社，2022.

[27] 张志英.唐诗宋词全鉴 珍藏版 [M].北京：中国纺织出版社，2017.

[28] 张忠纲，孙微.杜甫集 [M].南京：凤凰出版社，2014.

[29] 张忠纲.杜甫大辞典 [M].济南：山东教育出版社，2009.

[30] 张忠纲.杜甫诗 [M].北京：中华书局，2013.

[31] 胡永杰，杜甫"快意八九年"新解——兼谈杜甫壮游期的起点和终点 [J].杜甫研究学刊，2021（4）：34-37.

[32] 黄坤尧.李白、杜甫与高适的交谊探究——兼李白三人长安辨 [C]// 中国李白研究会，湖南科技大学，中国李白研究（2008年集）——中国李白研究会第十三次学术研讨会暨成立二十周年纪念大会论文集.合肥：黄山书社，2007：172-191.

[33] 柳向阳.杜甫漫游江南 [J].中国三峡，2018（12）：1.

[34] 孙微.诗圣杜甫家室问题考辨——与王辉斌先生商榷 [J].杜甫研究学刊，2005（2）：38-41.

[35] 王辉斌.杜甫的婚姻及其婚姻诗 [J].四川文理学院学报，2009，19（6）：1-4.

[36] 向以鲜.盛唐的启幕——杜甫童年里的剑气与凤凰 [J].天涯，2021（3）：46-52.

[37] 许智银.杜甫早期的远游及其心态 [J].杜甫研究学刊，2004（2）：19-23.

[38] 张佃水.李龟年"乐圣"李龟年的花样年华 [J].走向世界，2022（51）：76.